デキる

「指導者・支援者」

になるための

極める！

アセスメント講座

小野寺基史 編著

明治図書

JN040203

はじめに

　本書の発行以前，明治図書さんのご協力をいただいて，私は『発達障害児へのピンポイント指導』（2009）『デキる「特別支援教育コーディネーター」になるための30レッスン＆ワークショップ事例集』（2014）の２冊の著書を執筆し，本書はその３番目にあたります。

　前者は，発達障害の子どもたちが示す「困り感」に焦点をあて，「行動には意味がある」というコンセプトのもと，彼らの思いや行動を解釈し，「行動」「社会性」「こだわり」「学習」「運動」の５つの視点から，改善に向けた具体的な支援方法について提案しました。

　後者は，特別支援教育コーディネーター研修会等で実施したプログラム，「適切な子ども理解」「適切な指導」「適切な支援」を30のレッスンにして紹介しました。また，初めてコーディネーターに指名された先生方が迷わず安心して取り組めるよう，12の Q&A を設定して具体的なアドバイスを盛り込みました。

　特別支援教育が始まって14年。インクルーシブ教育，合理的配慮等の物理的・制度的なかべはずいぶん低くなりました。しかし，それを推進する私たちの「こころのかべ」は低くなったでしょうか。集団生活が中心である学校という環境下においては，一人ひとりへの細やかな配慮は，まだまだ行き届いていないのではないでしょうか。「障害は関係性の中で生まれ，関係性の中で改善される」という考え方があります。換言すると，「その人が安心して活動・参加できる環境」が整えられれば，その環境下においては障害はなくなるということです。

　本書のねらいは，苦戦している子どもの問題は，子どもの中にあるのではなく，学校（教師）等との関係性の中にあるということを提案することです。教師はともすれば，本人のつまずき（困り感）の背景が理解できず，「なぜできない」「何度言ったらわかるんだ」と，本人の問題，本人の努力不足として片付けてしまうことが少なくありません。子どもが苦戦するのは関係性の問題であるととらえ，その関係性を改善することが解決への近道であるということを具体的に提案したいと思います。

　また，本書の第３章では，それぞれの専門フィールドで活躍されている３名の先生方に，日ごろの実践的な取り組みについてご紹介いただきました。

　杉浦正員先生には，これから全国的にその需要が期待される「特別支援教室（リソース・ルーム）」における自校の取り組みについて紹介いただきました。配慮の必要な子どもたちに対して，学級で学びながらも必要に応じて取り出し指導をする重要性とその効果について具体的に提言いただきました。

　山下公司先生には，発達障害通級指導教室における実践について紹介いただきました。特に，子どもの臨床像（苦戦しているところ）と WISC や KABC のデータのマッチングによるアセスメントの解釈から確かな指導につなげている実践は，フォーマル検査の紹介が少なかった本

編に大変，厚みを持たせてくれました。

　瀧澤聡先生は日本シェルボーン・ムーブメント協会の役員であり，「国際シェルボーン協会」認定インストラクターでもあります。シェルボーン・ムーブメントは単なるムーブメントではなく，「自己認識」と「他者認識」を育てるムーブメントであり，特に，「人間関係を育てる」うえで大変有効なムーブメントです。今回は児童発達支援・放課後等デイサービスにおける興味深い取り組みについて報告していただきます。

　本書を刊行するにあたり，本書を含め過去3冊の著書すべてにおいて，ステキであたたかい絵を描いていただいた画家で前幌西小学校長の菅原清貴先生に感謝いたします。

　最後に，発達というものを改めて深く学ぶきっかけとなった私の子どもたちや孫たち，そして最後まで私を支えてくれた私の妻に心から感謝して…。

2021年3月

編著者　小野寺基史

もくじ

■■ 「面接法」 〜答えは子どもの中にある〜

■■■ 「検査法」 〜暗黙知を見える化する〜

第3章
アセスメント事例集

第1章

特別支援教育　基本の "き"

1 障害は 関係性の中で生まれる

1 「障害」って何？

　第1章のはじめにあたって，本節では「障害」とは何かについて考えてみます。

　1998年，『五体不満足』（講談社）という衝撃的な本を出版した乙武洋匡さん。表紙には，電動車椅子に乗って悠然と横断歩道を渡っている乙武さんが写っています。ところが，乙武さんには先天性四肢切断という障害があり，手も足も健常者と比べて著しく短いのです。私はその映像をみて初めてこの障害を知るとともに，この障害をとおして様々な体験をしてきた乙武さんのご苦労も知ることになります。彼は，著書の帯に「障害は不便です。だけど，不幸ではありません」「感動は求めません。参考にしてほしいのです」と記しています。私はこの言葉に出会って，ふと，小学生の頃の記憶が蘇ってきました。私が道端を歩いていた時のことです。その前を歩いていた親子連れの2人が，向こうから歩いてきた障害のある子を見かけて，「あの子，かわいそうね」とお母さんがわが子に語りかけたのです。お母さんにとっては自然に出てきた言葉なのでしょうが，乙武さんの言葉を借りれば，「かわいそうかどうかは自分で決めることで，人様にとやかく言われることではない」ということになるかもしれません。障害は確かに不便です。でも不幸である必要はありません。もっといえば，お金持ちでも，健康でも，障害があってもなくても，幸福であると感じるか不幸であると感じるかは，あくまで

その人の価値観によって決まるものだと思います。

2 「障害をもつ」と「障害がある」

　それでは，「障害をもつ」と「障害がある」は同じですか。違いますか。皆さんは普段，どちらを使っていますか。特に意識したことがないという方がほとんどかもしれません。しかし，この問いにきちんと向き合っていくことが「障害の3つのかべ」といわれる「こころのかべ」を取り払っていくことにもつながっていくと思います（図1）。

障害の3つのかべ

- ・物理的なかべ
- ・制度のかべ
- ・こころのかべ

図1　障害の3つのかべ

　私は過去に15年間ほど教育センターで教育相談業務に携わっていたため，障害者の親の会や支援団体の方々と親しくお付き合いをさせていただきました。その時に話題となっていたのが，まさに，この「障害をもつ」「障害がある」の議論でした。この2つの言い回し，一体何が違うのでしょう。

　ある時，親の会の方が私にこう言いました。「先生，誰だって好きで障害をもっているわけじゃないよ。降ろせるものなら降ろしたいよ」と。私はハッとしました。全くそのとおりです。「もつ」には主体性があり，「ある」

は事実です。誰も好きで障害をもっているわけではないのです。「もつ」と「ある」，ちょっとした違いでありながら，障害のある当事者の視点でとらえてみると，全く違ったニュアンスになるということを痛感しました。これを契機に，私は「人ごとから自分ごとへ」意識を転換することが教育相談の最初の一歩であり，本質であることに気がつきました。

3 ICF の障害観

皆さんは"SHOGAI"を文字にする時，どのように表記しますか。「障害」「障がい」「障碍」「しょうがい」など様々かと思います。法律用語では「障害」，行政用語では「障がい」を使うことが一般的でしょうか。行政機関にいた頃の私は，もちろん「障がい」を使っていましたが，今はあえて「障害」と表記するようにしています。その理由は，2001年に採択された「ICF」の理念に出会ったからです（図2）。

「ICF」は2001年に WHO で採択され，日本では「国際生活機能分類」と訳され，人間の生活機能と障害に関する状況を分けて記述しているものです。従来の障害の考え方は，図2でいうと「その人の『心身機能・身体構造』の欠陥が障害であり，あくまでも，それは『個人因子』の問題」であるとしてきました。しかし，この図の重要なポイントは，障害を「個人因子」のみに帰結させるのではなく，「環境因子」を新たに並列させ，「心身機能・身体構造」の横に「活動」と「参加」を加えたことなのです。つまり，「ある人の身体機能，活動，社会への参加は相互に影響し合っていること，それらは，『個人因子』と『環

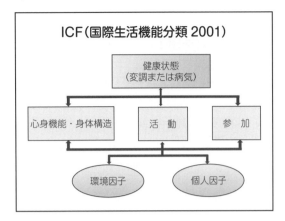

図2　ICF

境因子』の関係において，その人の活動が制約を受けたり，参加が制限されたりすること」を示しているのです。換言すれば，障害者といわれている人が安心・安全に活動や参加できる「環境因子」が整備されれば，その環境下においては障害はなくなるということです。**「障害はその人の中にあるのではなく関係性の中にある」**というのはそういうことなのです。

エレベーターや点字ブロック，音声指示やテロップ情報等，物理的な環境（かべ）がどんどん改善される中，「こころのかべ」である人的環境が改善されなければ，障害はいつまでも改善されません。その人が障害と感じるかどうかは，まさに，私たちの中にあるともいえるし，ひょっとしたら，私たちが障害を作っているのかもしれません。私が「障害」の「害」の字をあえて漢字表記にしているのは，「障害はその人の中にあるのではなく，私たちの中にある」「私たちが障害を作り出している」といった逆転の発想に立って，私たちの側の責任を認識することが重要であると感じているからです。最後に，「障害とは何か」について，図3に整理します。

「障害」って何？

- 「障害がある」と「障害がない」との境界線はない。境界線を作っているのは，私たち人間である。
- 障害はその人の中にあるのではなく，環境（周り）にある。障害は関係性の中で生まれる。発達障害は関係性の障害である。
- 差し障りや害を感じている当事者は，健常者ではなく，「障害者本人」である。
- どのような，どれくらいの支援（合理的配慮）があれば困り感が軽減されるか（なくなるか）当事者の声を聞きながら考えてみることが重要である。

図３　「障害」って何

2 発達段階をとらえることの意味

1　３Kの理論化をめざして

私たち教師は，子どもの学習指導を検討する際「子どもの発達段階に応じて」といった表現をよく使います。教員養成大学に在籍していた頃は,「発達心理学」や「乳幼児心理学」,「学習心理学」といった様々な授業をとおして，子どもの発達や学習について学んできたことと思います。それでは現在，それらの知識を学校等の臨床場面でどの程度活用できているでしょうか。

私が所属する教職大学院では，「理論と実践の往還・融合」というキーワードのもと，院生たちは自らの日常実践を省察して言語化し，それをこれからの実践に生かすべく日々努力しています。「実践の理論化」とは言い換えると「３Kの理論化」ということもできます。「３Ｋ」とは私の造語ですが，何だと思いますか。「暗い，汚い，臭い（失礼）」ではありません。「勘・経験・根性」の「３Ｋ」です。私は「３Ｋ」が必要ないと言っているのではありません。ノーベル化学賞を受賞した吉野彰さんの部下は，吉野さんが研究に行き詰まった時の切り札は「野性の勘」だったと述べています。ですから，少なくとも教師にとって勘と経験と根性は非常に重要なスキルであることは確かです。ところが，残念なことにその背景には理論がないのです。長い間培ってきた勘や経験や根性のみで実践を続けているのです。「３Ｋ」と理論は絶えず表裏一体でなければなりません。これが「理論と実践の往還・融合」の意味するところなのです。大工さんやすし職人なら「３Ｋ」のみで十分通用します。「黙って食え！！」ではありませんが，おいしければ客はまた来るし，まずければ，客は二度と足を運ばないばかりか，そのお店はあっという間に姿を見せなくなるでしょう。一橋大学の野中郁次郎氏は彼の著書（知識創造企業，東洋経済新報社，1996）の中で,「長年の経験を持つ熟練職人は，指先に豊かな技能を備えている。しかし，彼が自分の持っている「知」の背後にある科学技術的原理をはっきり説明できないことは珍しくない」と述べています。職人が持つ「知」のことを彼は「暗黙知」と呼び，科学技術的原理のことを「形式知」と呼んでいます。ある意味，教師も職人に近いところがありますから，教師の技はいわゆる「暗黙知」です。しかし，教師にとっては，この「暗黙知」を「形式知」に置き換えていく作業がどうしても必要なのです。なぜなら，「どうしてうちの子にこのような指導をするのか」と保護者に尋ねられた時，論理的な説明ができず,「今

まで，これでうまくいってきたから…」だけでは，保護者は納得しないでしょう。「黙って食え！！」ではありませんが，保護者や子どもに対して「文句を言うな…」「私を信じろ…」で済む話ではないのです。これからの教師は，指導に対する科学的根拠（エビデンス）を明確に，しかもわかりやすく説明していく責任が求められているのです。「実践のない理論は無意味であり，理論のない実践は無力である」といわれています。理論のない３Ｋのみの実践は無力なのです。教育に携わる私たちが，発達にかかわる理論的背景をどれくらいもっているか，その理論的背景をベースにどれくらい適切に子どもたちを指導できるか，そして，そのことを，どれくらい確かなエビデンスに基づいて仲間や保護者に説明できるかという視点が大変重要になってきます。「子どもの発達段階に応じて適切に指導している」と自信をもって言えるよう，暗黙知を形式知に置き換える努力を惜しまず，日々，精進していきたいものだと思います。

2 発達とは

　それでは，ここで少し「発達」について考えてみたいと思います。皆さんは「発達とは何か」と問われたらどのように答えますか。キーワードで構わないので少し考えてみてください。「成長」「大きくなる」「進歩する」「伸びる」などなど，学生に聞いてみるとこのような答えが返ってきます。中には，「心と体の成長」といった「心理面」と「身体面」とに分けて，それぞれの変化に着目する学生もおり，「いいぞ，いいぞ。近づいてきたぞ。」と拍手を送ることもあります。それでは，定義を考えてみましょう。

```
発達とは
  機能成熟（生物学的成熟＋学習・体験）
  へ向かう量的・質的変化
```

図4　発達とは（設楽雅代先生の定義）

　図4は，以前，児童精神科病棟があった市立札幌病院静療院の院長でいらした設楽雅代先生から学んだ発達の定義です。この定義は，発達というものを的確に示しており，大学の講義などでも使わせていただいております。私は学生時代，北海道教育大学の養護学校教員養成課程というところで学んだので，障害とか発達というものを理解するうえで，イタールの『アベロンの野生児』とシングの『狼に育てられた子』は必読書，いやバイブルでした。双方の著書には障害や発達を考えるうえで，非常に示唆に富んだキーワードがありますので，まずは，これらの著書の中の一部を抜粋して紹介したいと思います。（太字は筆者）

　イタールは，「『人は生まれた時は白紙の状態にあり，*経験・環境が人間を形成する。この野生児は，人間的に生きる経験・環境をもたなかったためにこうした状態にあるのだ*』と考え，*野生児の人間化*に体当たりする。六年にわたる教育も，この少年をいわゆる『普通児』にすることはできなかった。しかし，著しい教育の成果が示されたのである。（中略）イタールによって，*どんな子どもにも教育の可能性があること*，*可能性を信じて取り組むことの必要性*が明らかにされた」

※J.M.G. イタール（1978）：新訳アヴェロン

の野生児，中野善達・松田清訳，福村出版

「狼たちはカマラたちに**人間的なことをな
んら教えられなかった。**」「カマラとアマラに
はユーモアの感情も（アマラか死んだ時，カ
マラが涙を流した一事を除いて）悲しみの感
情も見られず，好奇心もほとんど認められず，
生肉以外にはなんら興味を示さ」なかった。
「彼らには，雷とか明かりとか大きな動物と
か暗闇に対してなんらの悪意も恐れもなかっ
たのである。また，自尊の感情も嫉妬心もそ
の痕跡すら認められなかった。**人間の悪徳と
いうものは，徳と同じように遺伝に規定され
ることが少ない**と思われる。この狼っ子たち
に示された事実は，『原罪』について考察す
るさい，大いに手がかりになるであろう。こ
こには，**人間にとって環境がどれほど重要な
ものか，**また，**小さい子どもの教育のとてつ
もない重要性**が明確に示されているのであ
る。」

※J.A.L.シング（1977）：狼に育てられた子，
　中野善達・清水知子訳，福村出版

いかがでしょうか。この著書から示唆され
るのは，狼に育てられた子どもたちには確か
に生物学的成熟は認められた。しかし，それ
以上に，人間として，人間から受ける環境（教
育）がどれほど重要なものであるかというこ
とです。

アリストテレスは**「人間は社会的な動物で
ある」**と言いました。「＜ヒト＞は＜人（ひ
と）＞によって，＜人（ひと）＞となる」。
つまり，生物学的＜ヒト＞は，社会学的＜人
（ひと）＞によって人格が形成され＜人（ひ
と）＞になる，ということです。

「発達とは機能成熟（生物学的成熟＋学習・
体験）へ向かう量的・質的変化」ということ
をあらためて心に留め，子どもたちが人（ひ
と）としての確かな成長を築いていくために，
学習や体験をとおした確かな教育機会の提供
や教育環境の整備に尽力していきたいものだ
と思います。

❸ 指と唇の重要性

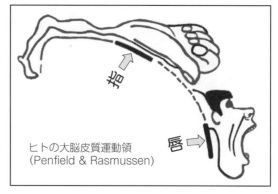

図5　ホムンクルス

図5はペンフィールドの脳地図で「ホムン
クルス」といわれています。皆さんも一度く
らいはこの画像を見たことがあると思います。
これは何を表した画像だと思いますか。図の
中に「ヒトの大脳皮質運動領」とありますが，
実は，この図は，大脳皮質の運動野の領域と
体のパーツを対応させるとともに，それぞれ
のパーツの神経細胞の多少をそのまま図に表
したものなのです。ですから，パーツの大き
さが不揃いで，とても不思議な図となってい
ます。しかし，この図から大変重要な情報が
得られるのです。おわかりですか。この図は，
唇と指が異常に大きくなっています。つまり，
人間が生まれた瞬間から，この唇と指の神経
細胞がどの神経細胞よりも領域が広く，より
感度が高いということがわかるのです。なぜ，

唇と指なのでしょう。生まれたばかりの赤ちゃんをイメージしていただくとわかりますね。そうです。おっぱいをしっかり飲むためです。

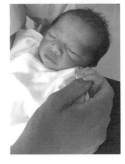

図6　把握反射　　図7　指しゃぶり

赤ちゃんは生まれてから1か月くらいの間に，原始反射を経て，能動的・適応的反射である「把握反射（図6）」や「吸せつ反射」を見せ，その後，指と唇を同時に刺激する「指しゃぶり（図7）」へ移行していきます。当然，この指と唇の神経細胞が十分に発達していないと，おっぱいも上手に飲めなくなってしまいます。

もう1つ，この時期にみられる重要な発達の段階があります。図8，図9をご覧ください。

図8　ハンドリガード　図9

2つの画像はどちらも「ハンドリガード」といわれています。図8は自分の手を「なんだこれ？」と不思議そうに眺めています。図9は，自分の右手と左手が偶然出会うことで

どちらも自分の手（もの）であると確認しているのです。皆さんには当たり前のように感じるかもしれませんが，人と握手をする時は，自分の手は相手の手の感触を感じていますよね。でも，自分の右手と左手を合わせると，右手は左の手を，左手は右の手をそれぞれ同時に感じているはずです。私たちはそのことにすっかり慣れてしまっているのであまり意識することはありませんが，赤ちゃんにとってこの感覚は，衝撃的な気づきになるのです。やがて，この作業が自分の足でも行われ，まさに自分とつながっている五体は「自分のもの」であり，それ以外は自分とつながっていないもの（外界）ということを認識していくのです。

図10はみなさんご存じのピアジェの認知の発達段階の図です。この図では生まれてから2歳までを「感覚運動的段階」としていますが，今まで述べてきたように，この時期は自分と外界との関係を唇や手指，目や足，嗅覚や聴覚等を使って徹底的に味わい，自分のもっている感覚刺激を研ぎ澄ませ，外界の刺激を調整したり適応したりする能力を育んでいく重要な時期であるといえます。ですから，危険なことには十分配慮しながらも，赤ちゃんと外界との接触の機会を可能な限り増やしてあげることが大切です。赤ちゃんは何でも口に入れてしまいます。これは，まさにものの質感や形などを唇一杯で感じとっているのです。フロイトが1歳半までの時期を「口唇期」としているのもそういうことです。ものを口に入れることはもとより，ものを叩く，落とす，引っ張るなどなど，赤ちゃんにできるありとあらゆる体験をとおして全神経を研

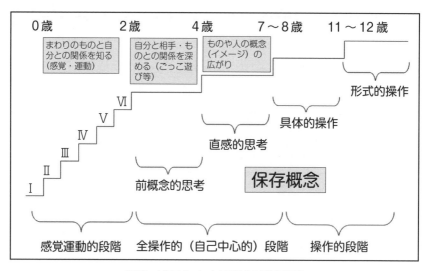

図10 ピアジェによる認知の発達段階

図中のラベル:

0歳　2歳　4歳　7〜8歳　11〜12歳

まわりのものと自分との関係を知る（感覚・運動）

自分と相手・ものとの関係を深める（ごっこ遊び等）

ものや人の概念（イメージ）の広がり

形式的操作

具体的操作

直感的思考

前概念的思考

保存概念

感覚運動的段階　全操作的（自己中心的）段階　操作的段階

ぎ澄ましているのです。

　実は，小学生になっても何でも口に入れてしまう子がいますよね。皆さんの中にも，指導に苦慮している方が少なくないと思います。爪噛みくらいならまだしも，消しゴムや鉛筆，紙屑など，何でも口に入れてしまう子がいます。これはおそらく，何らかの理由で口唇刺激を求めているためだと思われます。ホムンクルスの図で説明したように，唇が一番刺激的なのです。ですから，ただむやみに「口に入れてはだめ」と注意しても意味がありません。おそらく，気がついたらまた同じことをしているはずです。口唇刺激には情動を安定させる働きがあると考えて下さい。小さい頃，同じタオルやぬいぐるみを汚れるまでかじったり，洗濯をしようと取り上げると烈火のごとく泣きわめき，絶対に手放さなかったりした経験はありませんか。寂しかったり不安だったりした時に，いつまでも親指をくわえたり，吸ったりした経験はありませんか。口唇刺激は気持ちを安定させるのです。ですから，

こういった場合は無理に止めさせるのではなく，合法的に口唇刺激を増やしてあげる環境が必要です。ガムやアメ玉や珍味をかじる（学校ではできませんが…），シャボン玉や風船やストローの利用，ハーモニカの活用等，口唇刺激を維持できる活動は日常的にたくさんあると思います。私が教員の時は，爪噛みや指しゃぶりくらいは多めに見ていました。気持ちが安定していたり，何かに夢中になっていたりした時は，不思議とこれらの行為は見られません。ということは，子どもがその逆の状態にある，つまり，寂しかったり，欲求不満だったり，不安だったりした時にこれらの行為が行われていると考えるとわかりやすいと思います。

4　共同注意行動

　「共同注意行動」とは，視線や指差し等を介して，事物に対する関心や注意を他者と共有しようとする行為です。簡単にいえば，自分にとって関心のあるものを見つけた時や，自分一人でやりとげて十分満足した時に，近

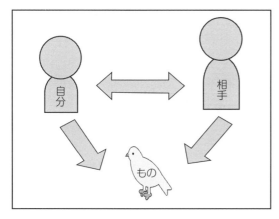

図11　三項関係

図12　共同注意行動　図13

図14　原叙述的指差しと共同注意　図15

くにいる誰か（一般的にはお母さん）の顔を確認して，注意や関心を引こうとする行為です。この行為は，まさにコミュニケーションの原点であり，相手の心を読もうとする「心の理論」の基礎にもつながる大変重要な力となります。図11は「三項関係」といい，「自分」と「相手」と「もの」の関係を表したものです。自分がハトに注意・関心を向けた時，そのままでは終わらず，必ず隣にいる相手（母親）の方を振り向き，相手（母親）もハトを見ているかどうか確認します。そして，相手（母親）の視線から，自分の注意や関心が相手（母親）と共有できていることに喜びを感じるのです。これが共感です。

　それでは，実際の場面で見ていきましょう。図12は1歳の子どもが目の前のブランコのバーの上におもちゃのプリンを乗せようとチャレンジしているところです。何度か失敗を繰り返し癇癪も起こすのですが，バーにうまく乗ったところですかさず後ろを振り返り，母親の視線を確認しています（図13）。

　図14は窓の外に白いハトを見つけて指差し（パーになっていますが…）をしながらハトに注意を向けているところです。

　もちろん，この後すぐに共同注意をすべく，後ろを振り返って母親の視線を確認するとともに，ビデオを撮っている私のほうにも視線を向けながら，あらためてハトに指差しをしています（図15）。

　この共同注意は生後8か月頃から18か月頃までに出現しますが，この頃を過ぎても共同注意が見られないケースは自閉症の特異的マーカである可能性があると指摘されています。自閉症にコミュニケーション障害があることを示唆する指摘ですが，いわゆる1・6検診といわれる1歳6か月検診で，この共同注意が見られないケースは，療育プログラム（たとえば，ESDM等）をできるだけ早期に受けることで改善がみられることが様々な学会等で報告されています。

　さて，この共同注意。自閉症に限らず，現代の子どもたちにとって十分に満たされていない環境の問題が指摘されています。それはスマホによる弊害です。スマホが悪いといっているのではありません。スマホ環境が共同注意を成立させるうえで足かせになっているという事実です。図13や図15の場面で，子ど

もが母親への確認行動を取った際，母親が子どもの行動を注視しておらず，下を向いてスマホをいじっていたらどうなるでしょう。自分にとって関心があると思ったことに母親が無関心であれば，しかもそれが度々続いたり，逆に，「うるさいわね」と拒絶されたりしたら，子どもは母親との共同注意を期待しなくなります。共同注意はコミュニケーションの原点であるとも言いました。すでにこの段階で母親とのコミュニケーションがうまく成立しなければ，子どもの情緒的な成長が非常に不安になります。昨今，母親との適切な愛着の形成不全によって，対人関係や情緒に支障をきたす愛着障害の問題や，赤ちゃんの要求行動に適切に反応しない母親に対して，赤ちゃんからの要求行動も減少してしまう「サイレントベビー」の問題も指摘されています。このように考えていくと，コミュニケーションの原点である共同注意の重要性は乳幼児に限ったことではなく，将来にわたって子どもたちに大きな影響を与えることになっていきます。

　共同注意はコミュニケーションの原点と言いましたが，これは学校や大人社会においても重要な役割を果たします。たとえば，私たちが上司から「最近頑張っているけど，あまり無理をしないでね」などと声をかけられたら悪い気はしないでしょう。それは学級の中でも同じです。特に低学年の子どもは，先生が自分のことをちゃんと見てくれているか先生の言動をいつも注視しています。「先生あのね…」と言われた時，「今，忙しいから，あとでね」と子どもに顔を向けることなく，ひたすらテストの採点をしてしまった経験はありませんか。教師は大変忙しいのですが，

せめて少しの時間だけでも子どもに視線を向け，ひと声かけてあげる重要性について，この共同注意が教えてくれるように思います。

5　前操作的段階

　2歳までの乳幼児が自分と外界（もの）との関係を十分味わい，自分と人（母親等）との関係を着実に築いていく中，2歳過ぎから学齢期（7歳）までは，頭の中のイメージ（シンボル）をどんどん広げていく段階となります。「遅延模倣」，「見立て遊び」，「ごっこ遊び」等の用語は聞いたことがあると思いますが，2歳を過ぎると，そこに実在しないものを頭の中でイメージしながら遊ぶことができるようになり，言葉の数も飛躍的に増えていきます。

　図16は私事で恐縮ですが，私の孫（2歳2か月時）と一緒に東京ディズニーランドに遊びに行った後，自宅に帰ってからすぐに遊び始めた情景の一幕です。

図16　遅延模倣　　　図17　見立て遊び

おそらくミッキーやミニーが登場する夜のパレードによっぽど興奮したのでしょう。母親にパレードの曲を流してもらいながら，段

ボールを抱えて体を左右にゆすったり，くるくる回ったりしながら，まるで自分が主役の一人であるかのように踊り始めたのです。段ボールはパレードの馬車（見立て）。本人はたぶんミニー・マウスになって踊っているのでしょう（ごっこ）。そして実際には東京ディズニーランドにいなくても，自宅でそれを再現（遅延模倣）しているわけです。2歳を過ぎると，このような遊びがどんどん増えて，広がっていくのがわかります。

図17は床にタオルを敷いて体重計に乗ったつもりで体重を図っているところです。おそらく母親か父親と一緒にお風呂に行った時に，どちらかがそのような行動を見せたのでしょう。ひょっとしたら，「ちょっと太ったかな？」なんてビックリする言葉が飛び出すかもしれません。この場面では，母親に「何キロだった？」と尋ねられ，なぜかすぐに「13キロ」と答えたのにはびっくりしました。多分そんなに重くはないと思うのですが…。

6 言葉の獲得

それでは，言葉の獲得について少し考えてみましょう。先ほど，見立て遊びやごっこ遊びは，目の前に実在していないものを別のもので見立てたり，なりきったりする活動だといいました。さらに，ここに言葉が加わることで，遊びは飛躍的に広がっていきます。

さて，言葉の獲得はどのように成立していくのでしょう。言葉は見立てやごっこと同じように，目の前に実在していないものを言葉（音声言語）を使って表すものです。このことを「シンボル（象徴，表象）」といいます。シンボルとは，あるものを意味づける記号で

あり，「リンゴ」や「バラ」と声に出しても，文字に表しても，私たちは目の前には実在しない「リンゴ」や「バラ」を頭の中でイメージできます。もちろん「リンゴ」や「バラ」といった日本語を知らない外国の方は，これらの音声は単なる記号にとどまっており，意味が賦活（ふかつ）しないのでシンボルではありません。なお，「リンゴ」や「バラ」といった音声言語や文字言語のことを「能記」といい，音声言語や文字言語によって意味づけ（イメージ）されたもの（「赤いリンゴ」や「美しいバラ」）のことを「所記」といいます。

それでは，先ほどの三項関係（図11）と共同注意行動（図14，図15）を使って具体的に考えていきましょう。

子どもが白いハトを見つけます。お母さんもそれを見ています。子どもがお母さんの視線を確認して三項関係（共同注意）が成立します。そこでお母さんは，子どもの目の前に見えている「白い生きもの」に対して，「ポッポだよ」と語りかけます。それが繰り返されていくうちに，子どもは「白い生きもの」のことを「ポッポ」とラベリングするようになります。実際に「白い生きもの」が目の前に実在しなくても，テレビにそれが映ったら「ポッポ」と声を出すでしょうし，お母さんが「ポッポかわいかったね」と話しかけると，子どもの頭の中に「白い生きもの」がイメージできるわけです。

このシンボル（能記）と実際のもの（所記）の関係について理解する時，ヘレンケラーの事例は非常に象徴的です。

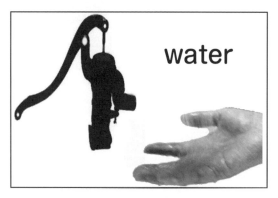
図18　シンボルの獲得

　ご承知のように，ヘレンケラーはサリバン先生の情熱的な指導のもと，情動が少しずつ安定し，「teacher」とか「water」等のいわゆる文字記号を獲得していきます。しかし，これらの記号には意味がまだ照合されていないためシンボルとはいえず，彼女にとっては単なる記号を丸記憶しているにとどまっています。ところがある日，サリバン先生はヘレンを指導するためいつもの離れに連れていき，彼女の手をとって，そこにあった井戸の水をふりかけます。彼女は自分の手の平に勢いよくふりかかるこの冷たいものに驚いています。すかさずサリバン先生は，彼女と何度も学習してきたあの記号「water」を彼女の手のひらになぞります。彼女は再び衝撃を受けます。「この冷たいもの（物体：所記）」が「water」という記号（シンボル：能記）と繋がった瞬間です（図18）。「記号には意味がある」と理解したケラーはこの後，「teacher」や「baby」など彼女が学んできた多くの記号と意味を一致させ，飛躍的に言葉を獲得していきます。記号が意味をもつということを理解した瞬間，記号（シンボル）に命が吹き込まれるわけです。

　このように，記号はそのままでは単なる記号ですが，これがある意味をもつ記号となった瞬間，それは全く違ったメッセージを示すのです。皆さんご存知の「？」や「！」だって立派な意味をもった記号となります。自分の著書が売れているか心配になった著者が出版社に「？」と送ると，なんと出版社から「！」が返ってきたというのは有名な話です。

7　保存概念

　さて，幼児期から学齢期に移行する時期に認知の発達において重要な節目となる発達の段階があります。それが「保存概念」の獲得です。１年生で習う「２＋３＝５」ができるためには，「２（数字）」＝「○○（量）」＝「に（数詞）」であるという三項関係が理解できているかどうかが問題となります。保存概念が成立していない子どもは見た目にとらわれ，たとえば「数の保存（図19）」では，同じ量（５つ）でも下のほうが多いと錯覚してしまうし，「液量の保存（図20）」では，同じ量のコップから形の違う別のコップに水が移されると，量が多く見えたり少なく感じたりするのです。

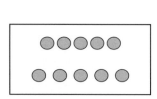
図19　数の保存

図20　液量の保存

　この保存概念が成立するのは一般的に７歳前後といわれていますので，小学校に入ってから「たしざん」を学ぶのは大変理にかなったものといえます。逆に，小学校に入学してもまだこの保存概念が成立していないとしたら，たしざんの前に，数字・数詞・量の三項

関係の理解を十分指導してあげる必要があります。

3 学びの発達段階

1 教えて考えさせる授業

「教えて考えさせる授業」とは，東京大学の市川伸一氏が提唱した考え方です。彼はその著書（「教えて考えさせる授業」を創る，図書文化社，2008）の中で，以下のように述べています（図21）。

○知識があってこそ人間はものを考えることができること

○学習の過程とは，与えられた情報を理解して取り入れることと，それをもとに自ら推論したり発見したりしていくことの両方からなること

市川伸一（「教えて考えさせる授業」を創る，2008）

図21 「教えて考えさせる授業」とは

先ほども述べましたが，もの（所記）とシンボル（能記）が結びついて初めて意味（イメージ）が賦活します。それは，知識でも同じです。知識（言語）がなければ考えることはできません。考えるためには，考えるために必要な知識（言語）が必要です。一般的には，小学校1年生の子どもが小学校6年生の問題を解くことはできません。当たり前ですが，それは1年生に6年生の問題を解くための基本的な知識や情報がないからです。一方で1年生が1年生の問題を解くことができるのは，その子にその問題を解くための基本的な知識や情報があるからです。では，同じ1年生であっても，その問題を解くために必要な基本的な知識や情報がない子どもにはどのように対応したらよいのでしょう。

市川氏が「教えて考えさせる授業」を提案したのは，考えるための基本的な知識や情報がまだ獲得されていない子どもには，それが獲得されるまで教師が意図的に導いていく（教えていく）必要があるという理由からです。その子が「どこまでわかっていて，どこからがわかっていないのか」を明らかにしなければ，次の一手を打つことはできません。この知識や情報の枠組みのことを「スキーマ」とか「シェマ」と呼び，その子がもっている現在の知識や情報（既習事項といってもいいかもしれません）のことを「レディネス」と言います。

2 評価することの意味

東京都千代田区立麹町中学校長の工藤勇一氏（現在は横浜創英中学・高等学校長）は中間・期末テストを廃止するなど，様々な学校改革に取り組みました（学校の「当たり前」をやめた。，時事通信社，2018）。その根底にあるものは，評価が子どものためにではなく教師のために行われていることへの反省でした。テストを実施し，生徒の得点から順位をつけて評価するのは教師のための評価であって，子どものための評価ではありません。医者が患者の症状等から診断・治療していくのと同じように，教師には子どもの学習上のつまずきをアセスメントして，改善に向けた適切な指導を行うことが求められているのです。評価だけしておいて改善のための手立てを講

じないのであれば，手抜きといわれても仕方ありません。対象となる子どもの実態（レディネス）を適切にアセスメントし，その子の現在の知識や情報をフル活用させながら新しい知の獲得に向けて指導していく，そんな学習環境の整備が必要なのです。

3 発達の最近接領域

図22は「発達の最近接領域」を図で表したものです。ヴィゴツキー（Vygotsky）は，子どもが自主的に独力で可能な問題解決レベル（現時点での発達レベル）のほかに，大人や仲間の指導や援助のもとで可能となる，より高度な問題解決レベル（発達可能レベル）を仮定し，この範囲を「発達の最近接領域」と呼んで，教育が与える範囲はここにあると主張しました。先ほどから述べているように，一人ひとりの子どもの現時点での発達レベル（レディネス）を正しく把握しなければ，次の一手（発達可能レベル）は設定できません。つまり，この「発達の最近接領域」を一人ひとりのレディネスに合わせて設定し，発達可能レベルに向けて，新しい学習課題を提供していくことが重要なのです。

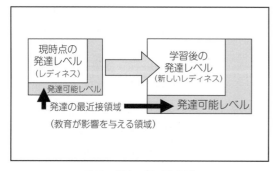

図22　発達の最近接領域

それでは，学年別の発達のレディネスともいえる一般的な学年別の発達的特徴とその指導について，尾崎勝・西君子の著書（学級担任のための児童理解必携，1980，教育出版）を参考に考えていきたいと思います。

◎直感的・経験的思考から，論理的・抽象的思考へ
低学年：直感や経験を優先させて思考
【※主観的役割取得】
※他者が自分と違う気持ちや考えをもっているということはわかるが，自分の考えが正しいという視点からしかものをとらえられず，他者の立場で考えることはできない（笑っているから楽しいんだ）。
中学年：具体的な操作能力が高まり，論理的思考の芽生え
【※社会的互恵的役割取得】
※他者の立場に立って考えることができ，他者が自分をどう理解しているかわかり，相対的な信念を持ち始める（笑っているけど，僕なら悲しいから，○○くんも本当は悲しいと思う）。
高学年：具体的な操作活動が活発。論理的思考の増加
【※三人称的役割取得】
※第三者の視点をとることができ，自分を客観的に見ることができる。それぞれの視点からの関係性を理解し，複数の視点を同時に調整することができる。文章図の活用，数字や記号等を活用して論理的に思考。
※セルマン＆シュルツ（ペア・セラピィ，北大路書房，1996）参照

図23　思考の発達段階

図23は児童の思考の発達段階の図ですが，これにセルマン（1996）の「役割取得能力の発達段階」を当てはめて整理してみました。年齢的にやや誤差が生じますが，おおよその発達段階として理解してください。

図24は読解の発達段階を示しています。「一面的・自己中心的から，多角的・客観的な思考」へ移行していくというのはまさに的を射た表現で，小学生に国語の授業をされた経験のある方にとっては，実感のあるところかと思います。

図25は読みの発達段階を示しています。昨

◎一面的・自己中心的から，多角的・客観的な思考へ

低学年：自分の興味関心をひきつけた部分にこだわる。

中学年：段落間の関連を考えて構造的に文章を読み取る。

高学年：全体の構造関連をふまえて文章の内容を理解する。多角的で柔軟な思考。

図24　読解の発達段階

◎表面的な読みから，内容的な読みへ

【低学年】：文字の一字一字の拾い読み→語と語をつなげた読み→読みが流暢になってくるが内容を考えることにつながらない。<u>黙読不可</u>

【中学年】：文字に即して読めるようになり，内容によっては感情もこめられる。黙読も可能になり，4年生では黙読の通読も可能となる。

【高学年】：読むことと内容を理解することとが一致してくる。5年生では黙読の個人差が大きいが，6年になると違いの幅が縮小する。

図25　読みの発達段階

今，LDの原因等について，学会等をとおしてかなり科学的に理解されるようになってきました。文字の形に対する認知に混乱がある子，文字を音に換えることが苦手な子，文字のかたまり（音韻）をかたまりとして認識できない子など学習場面のいたるところで苦戦している子どもたちがいます。

　図にもあるように，「低学年は黙読ができない」とされています。少なくとも1年生にとって黙読は至難の業であり，2年生でも，文章が流暢に読めるようになるのに，学年の終わり頃までかかる子がいるといわれています。さらには，昨今のデジタル社会の影響か，LDとはいかないまでも読みの苦手な子が増えている印象があります。低学年を受けもつ

担任は，国語の読み指導には様々な配慮が必要です。たとえば，教科書の音読指導では，まずは教師が見本となって文章を適当な長さに区切ってゆっくり範読し，その後，子どもたち全員が教師のイントネーションを真似ながら復唱するといった方法（トレーニング）が有効です。力のある教師は，日常的に実践している当たり前の取り組みですが，こうした小さな積み重ねが，読みの苦手な子を救うことにもなります。

　余談になりますが，私は，子どもたちが教科書を音読している場面を多くの学校で参観することがあります。教科書がスラスラ読める子とそうでない子の差は歴然です。もちろん，発達の差や文化的な差に違いはありますが，小さい頃から読み聞かせを受けて育っている子どもは，確かに読みが流暢であると実感しています。読みに関しては，LDの子どもたちを含めて，適切なトレーニングが重要であるものと考えています。

　尾崎・西の当該著書には，これらの発達段階のほか，「話すことや作文能力」「数量概念」「学習態度」等，様々な視点から発達段階について整理されています。関心のある方はぜひ，当該著書を参照していただきたいと思います。

　子どもの学びの発達段階（レディネス）を正しくおさえなければ，次の一手が打てません。**「何度指導してもうまくいかないのは，目標が合っていないか，やり方が間違っている」**と考えて下さい。私たちが子どもの発達段階に応じて指導していくためには，まずは，その子のレディネスと発達の最近接領域を適切に評価することから始めるということを心

がけていただきたいと思います。

4 あらためて発達障害とは何かを考える

1 LDの子どもたちへの支援の重要性

　図26は，文部科学省が2002年に調査した知的障害を伴わない発達障害の出現率のデータです。この時の調査では発達障害の子どもは全体の6.3%（現在は6.5%）とされていましたが，問題はそのことではなく，別のところにあります。皆さん，この図を見て，何かお気づきの点はありませんか。少し図をながめて下さい。おわかりでしょうか。ADHDや自閉症に比べて，圧倒的にLDが多いという事実です。もちろん，他の障害と重なり合っている部分もありますが，重なり合っていない部分も圧倒的にLDが多いのです。この図は，いわゆる知的障害を伴わない発達障害の図ですから，この子たちのほとんどは通常の学級に在籍しています。

　それでは，皆さんの学級で指導に苦慮して

いたり，配慮したりしている子どもたちはどんな子どもたちですか。おそらく，圧倒的にADHDや自閉症の子どもたちが多いと思います。もうおわかりですよね。LDの子どもたちは水面下で困っているのです。目に見えず，誰にも相談できず，静かに苦しんでいるのです。下手をすれば，「なんでこんなことができない」と先生に怒られ，しかも「努力が足りない」「もっと真剣に勉強しなさい」「家でしっかり復習しなさい」などなど，学習が成立しないのは指導の仕方が悪いのではなく，本人の努力不足やなまけとして評価されてしまうのです。ADHDや自閉症については，昨今，たくさんの解説書等も発行されていますので，さすがに教師も本人の努力不足とは考えず，それなりの工夫がなされているものと思います。ところが，文字が上手に書けない，文章がスラスラ読めない，計算ができない等のLDの子どもたちは，配慮はされていても，適切で十分な支援はなされていないのが実状です。LDの比率が発達障害の中で圧倒的に多いにも関わらずです。教師は指導の

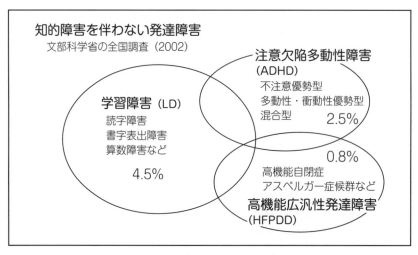

図26　知的障害を伴わない発達障害

	障害名	定義
第一グループ 認知	精神遅滞	標準化された知能検査で IQ70未満，および適応障害
	境界知能	標準化された知能検査で IQ70以上85未満
第二グループ 社会性	知的障害を伴った自閉症スペクトラム障害	社会性，コミュニケーション，想像力の３領域の障害
	高機能自閉症スペクトラム障害	上記の障害を持ち，知的に IQ70以上
第三グループ 注意 学習	注意欠陥多動性障害（ADHD）	多動，衝動性，不注意の特徴および適応障害
	学習障害（LD）	知的能力に比し学力が著しく低く通常の学習では成果が上がらない
	発達性強調運動障害	極端な不器用さ
第四グループ その他	子ども虐待 ゲーム障害 etc.	子どもに身体的，心理的，性的加害を行う。 子どもに必要な世話を行わない。ゲーム依存 **(脳への重篤なダメージ)**

図27　発達障害の新たな分類
＊「発達障害の新たな分類」（杉山登志郎『発達障害の子どもたち』）を一部改変

プロです。LD をはじめとした様々な子どもたちのために，彼らの学びのつまずきに対応できる適切な学習支援について心を配っていただきたいと思います。

2　第4の障害について

　図27は杉山登志郎氏が彼の著書（発達障害の子どもたち，講談社，2007）の中で整理された「発達障害の新たな分類」の図です（筆者一部改変）。

　第一から第三グループまでは，従来の発達障害の定義と大きく変わっていませんが，注目すべきは第四グループです。彼はここに「子ども虐待」を入れ，それを発達障害の分類の中に加えたのです（注，ゲーム障害，ゲーム依存,(脳への重篤なダメージ)は筆者が追記）。従来の発達障害の定義は，脳の先天的な異常とされており，「子ども虐待」は後天的な脳のダメージであることから，第四グループを発達障害の中に加えるかどうかについては現在も学会等で議論が分かれています。ところが昨今，子どもたちのスマホやゲーム依存の

問題がクローズアップされる中，ついに2019年５月，WHO（世界保健機関）はゲーム依存を「ゲーム障害」という精神疾患として認め，2022年に改訂される「ICD-11（国際疾病分類の第11回改訂版）」の中に加えることになりました。これは，ゲーム依存の子どもたちに献身的に治療を続けてこられた久里浜医療センターの樋口進院長のご尽力が大きいものと思われますが，この「ゲーム障害」については，今後ますます大きな社会問題となっていく可能性が高く，子どもを支援する私たちにとっても目が離せない状況になっていくものと思われます。

　図28は，筆者が文献等から整理した脳の機能レベルの図です。大脳皮質（前頭連合野）は「考える脳」ともいわれており，知的機能や計画の立案・実行等をつかさどっています。そして，さらに重要なのは，前頭連合野は，特に大脳辺縁系に働きかけたり，連動したりしながら，注意や判断，情動のコントロール等を制御していることなのです。集中できない，忘れ物が多い，すぐにキレる，計画でき

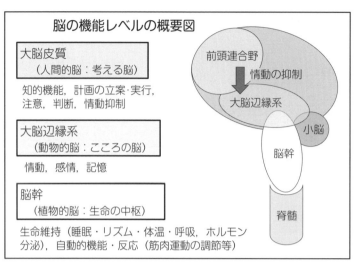

図28　脳の機能レベルの概要図

ない等の問題は ADHD の症状としてよく知られているところですが，これらの症状は今やゲーム依存の子どもたちにもみられる症状であり，もはや先天的，後天的といった問題ではなく，「脳の機能障害・機能不全」等から生じる問題としてとらえ直していく必要があると思います。また，昨今，「子ども虐待」についても大変重篤な問題として取り上げられています。専門家の一人である友田明美氏はその著書（子どもの脳を傷つける親たち，NHK出版，2017）の中で，「**不適切なかかわりが，子どもの脳を変形させる**」と警告し，特に，虐待によって前頭前野や情動や感情，記憶をつかさどる大脳辺縁系の偏桃体や海馬が萎縮してしまったケース等についても報告しています。ゲーム障害にしても子ども虐待にしても，脳の機能障害や機能不全が，まさに従来の発達障害と呼ばれる子どもたちと同様の症状を呈しているわけで，学級に在籍する発達障害の子どもは6.5％では済まないと実感している先生方の指摘はあながち間違い

ではないように思います。私は今まで，こういった子どもたちのことを先天的な発達障害と分けて，「発達障害もどき」とか「なんちゃって発達障害（失礼）」などと命名してきたところですが，これがまさしく杉山氏の「第四グループ」の正体ではないかと思っています。

昨今，この「発達障害」については，「障害」という表現を使わない方向で進んでいます。杉山氏は「発達凸凹」と定義していますし，DSM-5では「神経発達症群」と神経発達の視点からとらえています。また，正高信男氏もLD 学会の特別講演（2018）や彼の著書（ニューロダイバーシティと発達障害，北大路書房，2019）の中で「**発達障害はニューロダイバーシティ（脳多様性）**」であると述べています。

目覚ましい経済成長の中，スマホやゲームなど多くのデジタル機器があふれかえり，人間関係も希薄になっています。子どもたちの健やかな成長をどのように見守り援助していくのか，私たちの使命はますます大きなものになっていくものと思われます。

第2章

アセスメント力を鍛える講座

● 「観察法」〜行動には意味がある〜

●● 「面接法」〜答えは子どもの中にある〜

●●● 「検査法」〜暗黙知を見える化する〜

1 アセスメントの重要性

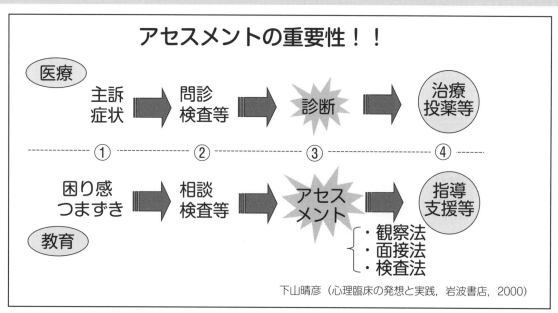

アセスメントの重要性！！

下山晴彦（心理臨床の発想と実践，岩波書店，2000）

1 医療と教育

　上の図は，医療における治療過程と教育における指導過程を比較したものです。皆さんはNHKの「総合診療医ドクターG」という番組をご存知でしょうか。「ドクターG」とは「ジェネラル・メディスン（総合診療）」の造語で，研修医3名が確定診断に向けて専門医とバトルを繰り広げる番組です。番組では，患者の症例がビデオで流れ，その症状に基づいて研修医が診断を下すのですが，最初は三者三様，3人とも診断名が異なっています。ここからが専門医の腕の見せ所。専門医は，診断のポイントとなる質問やアドバイス，時には研修医の出した診断を論理的に潰していくなどして，最終的には3人全員が同じ診断名にたどり着くという大変興味深い番組と

なっています。医療においては確定診断が命。確定診断がなされて初めて治療計画が立ち，適切な治療が開始されます。もし，確定診断が間違っていたらどうなるでしょう。病気が改善するどころか悪化する可能性が大きいですし，下手をすると医療過誤で訴えられてしまいます。

　それでは，教育はどうでしょう。私たちは「ドクターG」ならぬ「ティーチャーG」としての自覚をどれくらいもっているでしょうか。前章で私は「LDの子どもは静かに苦しんでいる」と述べました。子どもが自らの「困り感」を訴えてくれればそれなりの対処はできます。しかし，自分の「困り感」を言語化するのは大変難しいことですし，教師が何となくそれを認識していても，その背景となる

原因が理解できなければ，次の一手は打てません。しかも，それを本人の努力不足と片付けてしまえば，事態は完全にストップしてしまいます。

2 アセスメントの重要性

　それでは，教育において医療の生命線である確定診断に相応するものものは何でしょう。まさか，「３Ｋ（勘・経験・根性）」なんて言う人はいませんよね。エビデンスに基づいた指導を行うためには「アセスメント」が不可欠です。「アセスメント」とは一般的に「評価・査定・分析」といった意味で使われますが，教育では「見取り」という言葉に置き換えてもいいと思います。ただし，「見取り」にも科学的根拠が必要です。３Ｋのみの見取りは無力です。

　下山晴彦氏は，「アセスメント」におけるデータ収集の代表的なものとして「面接法・観察法・検査法」をあげています（心理臨床の発想と実践，岩波書店，2000）（図１）。

「アセスメント」における主なデータ収集の方法	
観察法	子どもの行動を観察することから情報を得る
面接法	子どもとの会話等をとおして情報を得る
検査法	子どもの課題の遂行結果をとおして情報を得る

図1　主なデータ収集の方法

　心理学の領域では「観察法」より「面接法」が重要な情報となりますので，「面接法」が先に来ていますが，教育では「観察法」に優先順位があるので，「観察法」から先に説明を加えます。

3 観察法・面接法・検査法

　「観察法」は子どもの行動を観察することから情報を得ることになります。自分が直接観察していなくても，同僚や保護者からの情報収集も有効な方法です。また，養護教諭はもとより，用務員さんや調理員さんからの聞き取りが，本質に迫る非常に重要な情報であったケースも少なくありません。「観察法」では，起こった事実を客観的に整理・言語化して，事象に対する意味を解釈します。そのためには，可能な限り複数の情報を集めて整理することが有効であり，できれば，それを複数の関係者で解釈することで，精度は一段と高まると思います。

　「面接法」は会話等をとおして情報を得ることになります。いわゆるカウンセリングです。「観察法」が客観的理解だとすると，「面接法」は共感です。「答えは子どもの中にある」といった視点で，「あなたはどう思うの」「あなたはどうしたいの」といった子どもの中から答えを導き出す手法といえます。

　「検査法」は課題の遂行結果をとおして情報を得ることになります。検査法にはWISCとかKABC等のフォーマルな検査もありますが，広い意味では子どもの学習プリントやテストなども含まれます。「検査法」によって，その子のもっている情報処理とか認知処理の傾向を把握して，今まで気づかなかった新しい情報を得たり，既存の情報を修正したりすることが可能となります。「だからできなかったんだ」「こうすれば，もっとうまくできるようになる」「このような指導法がこの子にはより適切」といった解釈が得られることになります。

2 「見る」と「観察」の違い

「君は見ているが，観察していない」

アーサー・コナン・ドイル（シャーロック・ホームズの冒険「ボヘミアの醜聞」，ジョージ・ニューンズ社（ストランド・マガジン），1892）

見る（事実）	観察（事実＋解釈（分析・評価））
視覚に入ったものを認識する	多角的・複眼的な視点から対象に意識を向け，問いを立て，解釈（分析・評価）する
【例】 　発達障害のAが友達Nを殴り，取っ組み合いの喧嘩になった。 　とりあえずAがNに謝るよう注意したが，Aは益々興奮して手がつけられなくなった。	【例】 　発達障害のAが友達Nを殴り，取っ組み合いの喧嘩になった。 問）AはなぜNを殴ったのだろう？ 問）AはなぜNと相性が悪いのだろう？ 問）Aはなぜ益々興奮したのだろう？ 問）興奮させない手立ては？ 問）事実（AがNを殴った）を「5W1H」の観点から解釈すると…？

「君は見ているが観察していない」という指摘は，名探偵ホームズが助手ワトソンに放った大変含蓄のある言葉です。「見る」と「観察」の違いについて上図で整理しましたが，「観察」とは，「多角的・複眼的視点に立つ」「問いを立てて観る」「制度の高い解釈（分析・評価）に心がける」といったところがポイントであると考えています。

1 「事実」と「解釈」

　私たちは子どもの行動観察の評価として「落ち着きがない」「すぐに飽きる」「我慢が足りない」「集中力がない」などと表現することがあります。しかしこれらはすべて私たちの解釈で，事実が述べられているわけではありません。これらの解釈の背景にある事実とは何でしょう。事実とは，たとえば「今日の4時間目の算数の授業で4度，席を立った」

「音楽の授業で教師が話している時にも笛を吹いてしまう」「ゲームで負けそうになると勝手にルールを変えてしまう」「借りた消しゴムをなくしても謝らない」といった表現になります。大事なことは，いま出現している事実が何なのかをまずは明確にすることです。それから，様々な仮説に基づいて，それがなぜ起こったのかを解釈するのです。

　算数の授業で4度も席を立ったのはなぜか。算数の授業の時に決まって立ち歩くのであれば，おそらく算数の授業の内容が彼の力量を超えているか，単に算数そのものが嫌いなのか，ひょっとして，指導する先生が嫌いなのかもしれません。たまたまその時に立ち歩きが多かったならば，家庭の事情や不安等，心因的な原因があったのかもしれません。教科に関係なく，特に4時間目に立ち歩きが多いのなら，いつもこの頃にお腹が空いて，じっ

としていられないといった解釈もできます。

「我慢が足りない」はどうでしょう。これは自分に照らし合わせてみるとよくわかります。過去を振り返ってみると，我慢できなかったことってありますよね。それが態度に出るかどうかは別として，その時の感情は大人も子どもも同じです。理由は必ずあります。行動には意味があるのです。「体力的に我慢の限界を超えていた」「体調が悪くこれ以上我慢できなかった」「指示を出す人が嫌いで，やっていられないと感じた」「我慢すべき内容がつまらなく価値がないと感じた」「他のことが気になってそれどころではなかった」などなど，あげればキリがありません。我慢できなかった事実はどのような背景から生じたのかを明らかにすることが大切です。「落ち着きがない」「集中力がない」「我慢が足りない」で片付けてしまわず，そこに至った事実を丁寧に分析し，そこから一番望ましいと思われる解釈を導き出すことで，次の一手が見えてくるのです。アセスメントの基本はそこにあります。

2 逆転の発想（例外さがし）

観察法において，もう一つ大切な視点をご紹介します。それは，逆転の発想（「例外さがし」ともいいます）を試みることです。

「集中力がないのは集中できる環境になかった」と解釈すれば，「集中できる環境さえあればこの子は集中する」という逆の解釈ができます。この子が集中できている時はどんな時か。落ち着いて活動している時はどんな時かなど，逆転の発想から事実を読み解けば，それが解決の重要なヒントになります。私が

教育相談の仕事をしていた頃，中学2年のA子さんのケースについて担任から相談を受けたことがあります。担任の主訴は「A子さんは人間嫌いで友達がいない」というものでした。「友達がいない」のは事実かもしれませんが，「人間嫌い」は明らかに教師の解釈です。私は「A子さんは他の学級にも友達がいないのですか？」とお聞きしました。するとその先生は「他のクラスには友達が2〜3名はいる」と言うのです。学級の中に友達がいなくても他のクラスには友達がいるということは，A子さんにとって友達となるキャラクターが限定されるということです。と考えると，A子さんが受け入れられる友達とはどんなキャラクターなのかアセスメントしていくことで次の一手が見えてきます。「人間嫌い」で片付けるのではなく，A子さんにとってどういった友達だと相性がいいのかを明らかにしていくのです。

それは教育相談にもつながります。「A子さんはB子さんのどこがお気に入りなの？」，「C子さんは？」といったように，A子さんの好きなタイプを整理して，それをA子さんにも自覚してもらいます。一方，相性の合わないD子さんについても，「D子さんはどこが嫌いなの？　どうしてほしいと思うの？」といった質問をすることで，普段A子さんが何気なく感じている友達のイメージを整理し，今後の友達とのかかわり方について考えてもらうきっかけにすることができるのです。

勘と経験を中心とした解釈ではなく，あくまでも客観的な事実を分析，評価することから適切な解釈を導き出し，適切な指導につなげていただければと思います。

3　行動の意味をとらえる

【Aちゃんとランドセル】

　小学校1年生のダウン症の男の子がいます。名前は＜Aちゃん＞。ほとんど会話はできません。最近，お友達のランドセルを片っ端から開けて中をいたずらします。何度注意してもやめないので困っていると他の支援員さんが教えてくれました。私も何でだろう…？　何か理由があるのかな…？　と思い，Aちゃんのリュックサックの中身を見てみました。入っているのは着替えのみでした。入っているものがみんなと違うから…？

　もしやと思い「Aちゃんもみんなと同じく勉強したいの？」と言ったら，大きくウンとうなずきました。真っ白な紙と鉛筆を渡して，「みんなと同じく宿題をしようね」と言ったら笑顔で喜んで，いたずらはやめました。紙には何を書いたかわからないぐちゃぐちゃの文字だったけど，うれしそうに他の支援員さんにも見せて回っていました。書いた紙は大事そうにリュックにしまいました。

　Aちゃんがめちゃめちゃ笑顔で手を振って帰っていく姿を見て，とてもうれしかったです。

1　事実をどう読み解くか？

　「Aちゃんとランドセル」は五十嵐靖夫教授（北海道教育大学函館校）がかかわっているデイサービスの支援員，越川由美さんからお聞きしたエピソードです。何だかほんわかしていてとてもいいお話です。もし，「お友達のランドセルを片っ端から開けて中をいたずらする」という事実をそのまま鵜呑みにして，「Aちゃんはいたずらっ子」というレッテルを貼り，職員がその都度Aちゃんに注意をしていたらどうなっていたでしょう。Aちゃんは自分の思いが伝わらずイライラするばかりか，癇癪を起こして，もっと別の行動へ発展してしまうかもしれません。

　ところが，このストーリは，支援員さんの新しい解釈のおかげで全く違う展開になって

いくのです。ポイントは，この事実を「いたずら」と解釈せず，**ランドセルを開けるのは「みんなと同じく宿題をしたいのだ」**と考えたことです。解釈が変わると次の一手も変化します。支援員さんは，注意ではなくAちゃんに紙と鉛筆を渡します。Aちゃんの行動は一変します。お友達のランドセルを開けるのをピタッとやめ，みんなと同じように鉛筆を持って，白い紙に何かを一生懸命書き始めたのです。そして，書き終えた紙をリュックに大事そうにしまったという事実から，Aちゃんの思い，Aちゃんの満足感が伝わってくるし，Aちゃんの素敵な笑顔が浮かんできます。おそらく，家に帰ったAちゃんは，真っ先にお母さんのところに近寄って，笑顔で自分の作品を見せたことでしょう。行動には意味が

あり，その行動の意味をとらえることで，次の一手が繰り出せるのです。子どもを指導・支援する立場の者はいつどんな時にも，この支援員さんのようなセンスをもち続けていたいものだと思います。

② 行動には意味がある（風見鶏）

図2をご覧ください。左に風見鶏，右に水槽に入った6匹のメダカが描かれています。それでは，ここで最初の質問です。

観察法「行動の意味をとらえる」

 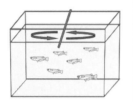

風見鶏はなぜ，左（西）を向いて止まったのでしょう。

水槽のめだかは何故，すべて左を向いたのでしょう。

図2　行動の意味をとらえる

クルクル回っていた風見鶏が，多少揺れながらも左側を向いて動かなくなりました。それはなぜでしょう。ま，風見鶏という名称からもおわかりのとおり，風見鶏は風が吹いてくる方向（風上）に頭を向けるということですから，図のとおり風が左（西）から右（東）の方向に吹いていることがわかります。ただ，これは風見鶏に限ったことではありません。実際のニワトリも一方向から強い風が吹いてくると，みんな風上に頭を向けるのです。わかりやすい例では，電線に止まっているすべてのハトがみんな同じ方向を向いている光景を見たことがあると思います。これも同じ原理です。なぜだかわかりますか。単純なことなのですが，風上にお尻を向けていたら羽根

が逆立って大変なことになるからです。

③ 行動には意味がある（メダカ）

同じような現象はメダカの例でも見られます。流れのない水槽の中にメダカを入れると，それぞれのメダカは好き放題，自由に泳ぎ回っています。ところが，ひとたび棒で水槽の水をかき回し，左から右への流れを作ってやると，今まで自由に泳いでいたメダカすべてが左（川上）を向いて泳ぎ始めるのです。川に住んでいる魚は，上流から下流に向かって餌が流れてくるわけで，後ろを向いていると餌が取れないということもあるでしょう。また，メダカの場合は，水流，水圧，振動等を感じる側線が頭の方にあるので（頭部側線），上流のほうに頭を向けて情報をすばやくキャッチするという習性があるということです。

④ 行動の意味を解釈するということ

ニワトリもメダカも意識して行動を調整しているわけではなく，いわゆる本能（習性）としてそのような動きをするわけですが，そこには確かな意味（科学的根拠）があるわけです。私がここでお伝えしたいのは，ニワトリやメダカにも行動の意味があるのなら，意思のある人間であればなおのこと（あくまでも脳が正常に機能していることが前提とはなりますが）行動の背景には意味があるということなのです。行動は事実です。それを解釈するのは私たちです。Aちゃんの事例のように，Aちゃんの行動の意味（思い）を適切に解釈し，望ましい支援につなげられるよう心がけたいものです。

4 事例1 Ｓちゃんとクレヨン

> 教育相談に来た６歳女児のダウン症のＳちゃん。
> 担当のお姉さんと一生懸命，お絵描きをしています。
> 　１時間ほど過ぎた頃，お母さんの面談も終わって帰ることになりました。
> 　描いた画用紙はもらって帰ることになりましたが，Ｓちゃんは何を思ったのか，使っていた相談室のクレヨンも持って帰ると駄々をこねています。お母さんは，Ｓちゃん手から無理矢理クレヨンを引き離そうするのですが，力を入れれば入れるほどＳちゃんはクレヨンの箱を両手でしっかり握って離そうとしません。

　このケースは実際に私が教育相談業務をしていた頃の実話です。ダウン症のお子さんにかかわったことのある方であれば，ダウン症の「頑固さ」については何度か経験されたことがあると思います。ただ，この行為を「頑固」ととらえるか，「一途」とか「熱意」とか「こだわり」と解釈するかで，次の一手は様々に変化します。

　さて，このケース。授業で学生に尋ねてみると，いろいろな答えが返ってきます。

・まずはクレヨンを持たせて帰して，あとからお母さんに持ってきてもらう。（なるほど）
・クレヨンを返さないのなら，描いた絵も取り上げてしまう。（交換条件？　でも，これはちょっとまずいかな？）
・力づくで取り上げる。（これはダメですね）
・いっそのこと，クレヨンをあげてしまう。

（相談室はそんなに豊かでありません…）
・もう少しお絵かきを延長させて，終わってからクレヨンを返してもらう。（条件付けと見通しで迫っています。いい提案ですが，本人はクレヨンが欲しいわけですから，おそらく延長しても事態は変わらないと思います。気長に待つという方法も悪くはないのですが，次の方の相談も入っているので，正直，延長はキビシイ…）

1 すり替えの効用

　さて，手詰まりになりました。どうしましょう。こういった時に有効な方法は，「すり替え」という考え方です。「クレヨンと描いた絵を交換条件にしてクレヨンを返してもらう」という意見もありましたが，そもそもＳちゃんの描いた絵はＳちゃんのものなので，

それとクレヨンを交換条件にするのは望ましい方法ではありません。そうではなく、クレヨンを別なものにすり替える（交換条件にする）という発想です。この時私は、相談室の引き出しに色とりどりのおりがみがあることを知っていました。それでSちゃんにこのように言いました。

私「Sちゃん、先生、いいものを持ってるんだけど。見たい？」

S（うなずく。）

私（Sちゃんを引き出しの前に連れてきて、引き出しを開けて…）

私「ジャーン。ほうら、いろんな色のおりがみがあるでしょ！」

S（目を輝かせて）「うわー」

私「欲しい？」　S「うん」

私「よし、それじゃあ、今日は特別に、金色のおりがみ、それから銀色のおりがみ、赤いおりがみ」「緑のおりがみも欲しい？」

S（うなずく）

私「よし、最後に、黄色いおりがみもあげる。これでいいかな？」

S（うなずく）

私（5枚のおりがみをそろえてSちゃんに示しながら）

私「じゃあ、そのクレヨンちょうだい…」

Sちゃんに5枚のおりがみを渡すと、Sちゃんは手に持っていたクレヨンをあっさり返してくれました。そして最後に、「クレヨンを返してくれてありがとう」「おりがみ、よかったね！！」と言うと、Sちゃんはニッコリ笑って、おりがみを大事そうに持ってお母さんと帰って行きました。

Sちゃんは「クレヨンを持って帰る」ことにこだわっています。こちらは、返して欲しいと考えています。この二律背反の局面で、「クレヨンを持って帰る、返してもらう」にこだわっている限り、打開策は見出せません。「クレヨンを持って帰る、返してもらう」ではなく、「クレヨンと同等（それ以上）の価値のものを持って帰る」にすり替えることで、事態は一気に動き始めます。

2　幼稚園におけるすり替えの事例

東京大学教授である秋田喜代美氏は、日本教育新聞のコラム（保育のこころもち No.87）でこんなエピソードを紹介しています。

幼児クラスの先生が園庭にいる虫をイメージして絵を描くよう子どもたちに促したところ、「絵は得意じゃないから描きたくない」と画用紙を切り刻んだ子がいたそうです。私たちはもうこの段階で困ってしまいます。なんとか園児に絵を描かせようと、あの手この手の策を考えているかもしれません。

ところがその先生は、切り刻んだ画用紙の断片を集めて立体にし、なんと立体の虫を作り始めたのです。それを見ていたその子の目はみるみる輝き、同じように立体の虫づくりに取り組み始めます。それにつられて、他の子どもたちまでその活動に夢中になっていきます。この先生の見事なすり替えのテクニック。秋田氏は最後にこう締めくくっています。

「自分の行為に意味を見いだせない子どもの気持ちに寄り添い、切り刻まれた断片から意味を共に見いだしていこうとする保育者が、予想を超えた表現世界を、子どもと共に響き合って創り出す。」

こんな素敵な先生になりたいですね。

5 行動論的子ども理解

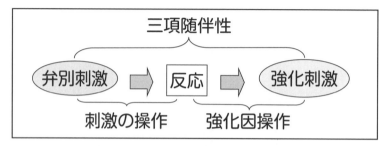

杉山尚子氏はその著書（行動分析学入門，集英社，2005）の中で、「行動は行動のもたらす効果によって影響を受ける」と述べています。

具体的例を1つあげましょう。

1 焼鳥屋のエピソード

私の友達は，交通量の多い幹線道路に面したマンションの6階に住んでいます。仕事を終えて自宅に戻り，窓を開け，ようやく涼しくなった風を部屋に取り込んでビールを飲んでいます。突然，焼き鳥のいい匂いが部屋に飛び込んできます。実は，道路を挟んだマンションの向かいには焼き鳥屋があり，夕方になると何とも香ばしい匂いがあたり一面に漂ってくるのです。あまりにタイミングがよく，ビールのおつまみに最高ということで，友達はマンションを飛び出して焼き鳥屋に駆け込み，お気に入りの品を数本買ってきます。ここまではよくある行動パターン。さて，ビールを一口飲んだ後，お目当ての焼き鳥をパクッ。「ム…。なんだこれは？」となった時は悲劇です。わざわざ部屋を飛び出して買ってきたのに，期待外れの味にがっかり。「この店では焼き鳥はもう絶対買わない」と彼の脳裏にインプットされてしまいました。

さて，翌日も彼は仕事から帰り，いつものように窓を開け，やれやれとお気に入りのビールを飲んでいます。すると，窓の外からはあの香ばしい匂いが…。彼は悩んでいます。匂いは最高，味は最低。向かいの店では絶対に焼き鳥は買わないと決めています。でも，やっぱりいい匂い。「おいしい焼き鳥が食べ

たい」という衝動がふつふつと湧いてきて葛藤しています。諦めるか，別の店に行って買ってくるか，二者択一に迫られています。でも，この匂いにはどうしても我慢できません。彼はすかさず自宅近くの評判の良い焼き鳥屋をネット検索し，マンションを飛び出します。しばらくして，やれやれと部屋に戻ってきた彼。さっそく買ってきた焼き鳥をパクリ。「ム…うまい。これは最高！！」となりました。さて，翌日以降，彼の行動は？

❷　三項随伴性

　このことについて冒頭の三項随伴性の図を使って考えていきましょう。

　最初に入ってくるのが「弁別刺激」です。今回の例でいえば「焼き鳥のいい匂い」です。「弁別刺激」につられて，焼き鳥を買いに焼き鳥屋Aに行きます。これが「反応」です。ところがこのA店の焼き鳥はちっとも美味しくありません。これが「強化刺激」となって，それ以降，この店には行かないと決めています。ところが，「弁別刺激」の「焼き鳥のいい匂い」は毎日刺激となって部屋に入ってきます。匂いにつられて，やはり「焼き鳥が食べたい」という衝動が起こり，今度は「別のB店に行く」という「反応」が起こります。B店の焼き鳥は最高においしかったので，「焼き鳥のいい匂い」につられて「B店に行く」という「反応（行動）」が強化されていきます。

　「行動は行動のもたらす効果によって影響を受ける」というのは，まさにこういうことです。私たちが行動した結果の判定（良かった，悪かった）によって行動が強化されたり弱まったり（弱化）するのです。

❸　好子出現の強化 ＞ 嫌子出現の弱化

　小学校1年生の授業で，お行儀の悪いAちゃんに「ちゃんとしなさい」と注意するより，隣に座っているBちゃんに「Bちゃんはとてもお行儀がいいですね」と褒めるほうが，Aちゃんの姿勢は修正されるといいます。三項随伴性では，「注意する」という強化刺激によって「姿勢を正す」という反応が引き出されるわけですが，これはそもそも「注意（叱責）」という嫌な強化刺激が出されて，仕方なく行動が減少する（嫌子出現の弱化）ので長続きしません。それより，「褒める」ことによって「姿勢を正す」という反応が引き出される（好子出現の強化）ほうが反応は維持される（長続きする）のです。

　これは図でいうと，「強化刺激が反応頻度をどの程度規定するかの検討」にあたります。強化刺激は行動に制限（弱化）をかける刺激よりも，行動を促す（強化）刺激のほうが有効であるということです。

　一方，「反応を生起させる弁別刺激の検討」というのは，授業でいうなら導入部にあたります。導入時の弁別刺激が子どもたちにとって魅力のあるものなら，当然，望ましい反応が期待できます。私は常々学生に，「導入で子どもが食いついたら半分は成功」「子どもが食いつく導入を考えよう」と話しています。「今日はこんな勉強をするんだ」「なんだか，おもしろそう」「えっ，ウソ？」「どうしたらできるかな」といった子どものささやきを引き出すためには，まさにこの弁別刺激の検討が必要です。教材分析とか発問の重要性が問われる所以でもあります。

6 事例2 高校生の信号無視

> ある高校で，生徒たちの信号無視が激しく，地域の住民から学校にクレームが入った。学校では何度も生徒に注意を促したが一向に改善されなかった。
>
> その後，あまりに苦情がひどいので，教頭と生徒指導主事が現場を視察したところ，<u>原因はすぐに特定できた</u>。
>
> その後，早急に警察に連絡して対処してもらったところ，<u>信号無視は嘘のようになくなった</u>。
>
> まさに百聞は一見に如かず。このケース，どこに原因があったか考えて下さい。

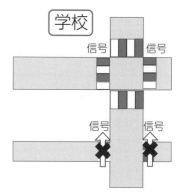

1 高校生の信号無視

　この事例は，私がたまたま出勤中の車の中で聞いたラジオからの情報です。ですから，内容はともかく，図の学校や道路の位置関係はあくまでも私の推測です。

　自校生徒の信号無視があまりにもひどいので，教頭先生と生徒指導主事が現場に出向いて確認したら，その原因が立ち所に解明できたという事例です。因みに，生徒が信号無視をしている箇所は，図でいうと「×」のところです。私たちは現場検証ができませんが，生徒の立場に立って考えていただきたいと思います。ヒントは，手前と奥に道路が2つあることです。「×」の位置から学校へたどり着くためには，まずは手前の道路を渡り，さらに奥にある大きな交差点を渡らなければな

りません。どうですか。原因は特定できましたか。

　信号無視の原因は，手前の信号と奥の信号が連動していなかったのです。手前の信号と奥の信号が連動していれば，両方が青になった時に急いで2つの交差点を渡ることができます。しかし現場では，奥の信号が青になっているのに手前の信号は赤のままで，手前の信号がようやく青に変わったと思ったら，奥の信号が赤に変わってしまうのです。

　百聞は一見に如かず。現場を見た教頭先生は学校に戻ってすぐに警察に連絡し，手前の信号と奥の信号が連動するようお願いしました。それが実現するやいなや，生徒の信号無視はたちどころになくなったということです。

② 信号無視の三項随伴性

図3は信号無視をしている時の三項随伴性です。生徒にとっては手前の信号を無視することで，向こうまで行けるという強化刺激が与えられるので，結果的に，手前の信号を無視するという反応が強化されていきます。

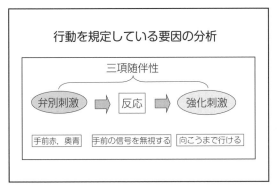

図3　信号無視の三項随伴性

信号無視をする生徒は確かに悪いのですが，手前の信号が青になるまでじっと待っている生徒は少ないと思います。「赤信号みんなで渡れば…」ではありませんが，こういった状況下で信号無視をしてしまうのは理解できます。しかし行動分析的に言えば，信号無視をする生徒を叱責するよりも，信号機を連動させることで事態は簡単に収束するわけですから，これを実行しない手はありません。

図4は，「向こうまでいける」という「強化刺激」をそのままにして，信号機を連動させるという「弁別刺激」を操作したものです。そうすることで，生徒は信号無視をすることなく，両方の信号機が青の時に横断歩道を渡り，手前の信号が赤の時は奥の信号も赤なので信号無視をする必要がなくなります。このように，弁別刺激を操作することで生徒の信号無視はあっという間に修正されるのです。

行動を規定している要因の分析

三項随伴性

弁別刺激　➡　反応　➡　強化刺激

手前赤，奥も赤　｜信号が青の時横断する｜　向こうまで行ける
手前青，奥も青

刺激の操作　　　強化因操作

★反応を生起させる弁別刺激の検討

図4　改善された三項随伴性

③ 強化因操作による反応の変容

因みに，「強化刺激」を操作することで反応が変化する例として，先述の焼き鳥屋のケースを使って説明します。A店は予想通りつぶれてしまい，同じ場所に新しい焼き鳥屋C店が新装オープンします。しかも開店1ヶ月は全品半額セール。周りの評判も上々です。しかも，帰宅して部屋の窓を開けると以前にも増してあの香ばしい匂いが…。友達はいてもたってもいられません。だって，A店ではなく新しいお店なのですから。早速，彼はマンションを飛び出してC店へ駆け込み，お目当ての焼き鳥を数本買って部屋に戻ります。そしていつものようにビールをゴクリ。焼き鳥をパクリ。「これはうまい。最高！！」となりました。さて彼の行動はそれ以降どうなるでしょう。「弁別刺激」である焼き鳥の匂いがしたら，今度はわざわざB店には行かず，せっせとC店に通うことになりますね。これが，強化因操作による反応（行動）の変容です。

行動分析の視点から行動を客観的，分析的に見ていくことで，私たちの3Kが着実に理論化され，アセスメント力と指導力がパワーアップされていくのではないかと思います。

7 問題行動を規定している要因の分析

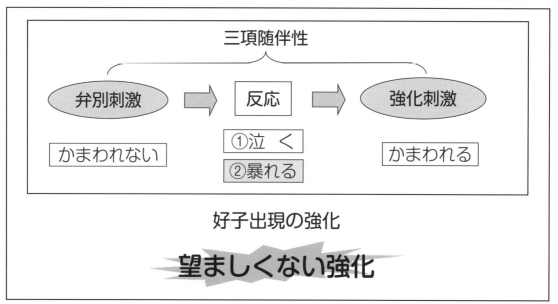

1 乳児の要求行動

　赤ちゃんの要求行動について，三項随伴性から考えてみます。赤ちゃんはおむつが濡れた時やお腹が空いた時は，泣くことでお母さんにその不快感を知らせます。図でいうと「弁別刺激」は「不快な状態」です。お母さんは赤ちゃんの「泣く」という反応によって不快を察知し，おっぱいをあげたりおむつを替えたりして不快を取り除きます。「強化刺激」は「母親の介入」です。つまり，**「不快→泣く→母親の介入」**という三項随伴性が成立し，不快な時には「泣く」という反応が強化されていきます。赤ちゃんは泣くということでお母さんの介入を引き出し，赤ちゃんとお母さんとのコミュニケーションの絆がどんどん強まっていくことになります。しかし，第1章で紹介した「サイレントベビー」はこの三項随伴性が成立しません。泣いてもお母さんの介入が得られないので，「泣く」ことが強化されず，それが繰り返されることで，最終的には泣かなくなってしまう（弱化する）のです。

2 高校生の要求行動に置き換えると

　このパターンを引きこもりの高校生と母親との関係としてとらえ直すと事態はとんでもない方向へ進んでいきます。

　ご紹介するケースは，不登校になって引きこもりを続けている高校生の息子と普段は自宅にいる専業主婦の母親との関係の事例です。息子はいじめから引きこもりになり，外に出たがらないため，母親を自分のコントロール下に置き，子分のように扱っています。気に

入らないことがあると母親に暴言を吐いたり，暴力を振るったりすることもあります。母親は，自分より背が高く力も強くなった息子に何も言えず，息子の要求に従わざるを得ない状況です。図でいうと，赤ちゃんは欲求行動を満たすために「①泣く」という反応をするわけですが，高校生の息子の場合は「①泣く」が「②暴れる」という反応に変容するのです。赤ちゃんのケースは，力関係においてお母さんに軍配が上がるのですが，高校生の場合にはそれが逆転してしまうので始末が悪いのです。息子は母親にかまわれたいという「強化刺激」を得るために「暴れる」という「反応」をどんどん強化させていきます。この随伴性は「好子出現の強化」ですが，赤ちゃんのケースと違ってこれは明らかに望ましくない強化となります。

3 望ましくない強化

　望ましくない強化は学級の中でも日常的に起こっています。家の中に居場所がなく，自己有能感が満たされていない子どもは，誰かにどこかで認めてもらいたい，かまってもらいたいという欲求が渦巻いています。それを解消するために，一番身近な学級という環境の中で，わざと悪さをしたり暴れたりすることで周りから注目を浴びようとします。これはまさに先述の高校生と同じ状態であり，このままでは事態がますます悪化していきます。望ましくない強化が際限なく続けば，必然的に，望ましくない反応が強化されていくのです。それでは，どうしたらいいでしょう。先ほどの高校生の事例をもとに，三項随伴性を使って考えていきましょう。

4 望ましい強化へのすり替え

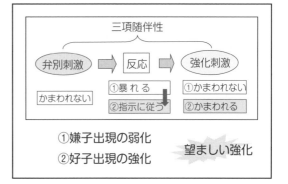

図5　望ましい強化

　図5は「①暴れる」という反応に「①かまわれない」という強化刺激を与えています。私はお母さんに，「息子さんが暴れたら，喫茶店に行くと言って1〜2時間ほど家を出てください」とお願いしました。これが「①暴れる→①かまわれない」の随伴性です。その後，家に帰ってまだ暴れるようであれば，私（小野寺）の指示だと言って，再び家を離れてくださいとお願いします。「①→①」の強化です。3度目には，さすがの息子も形勢が悪くなり大人しくなったところで，「あなたがちゃんとお母さんの言うことを聞いてくれれば，お母さんも家を飛び出さないで済む」ということを伝えて下さいとお話ししました。

　ここで息子は観念し，「②かまわれる」という「強化刺激」を得るために，「①暴れる」という反応が「②指示に従う」という反応にすり替わり，暴れる行動が修正されていきます。

　この「すり替え」行動は，行動分析学では「代替行動」といわれているようですが，このアプローチは非常に有効で，いろいろな場面で応用することができると思います。

8　[事例3]　教師に暴言を吐く中学2年M君

> M：「おい，小野寺。おい。今日はマラソンやらないでしょ？」
>
> 　　「今日は体育館でバスケだろ？」
>
> T：（無視）
>
> M：「は？　無視してんじゃねーよ」
>
> M：「小野寺先生！　今日はマラソンやりませんよね！？」
>
> T：「今は○○先生がお話ししている最中です。後でお話しします」
>
> M：「は？　死ねよ」
>
> T：「M，そんな言葉使わない」

　（問）上の会話は，M君と担任とのやりとりの一部です。

　　　　このやりとりからM君の気持ちを読み取るとともに，

　　　　担任の対応はこれでよかったのか考えてください。

　　　　また，あなたならどのように対応するか考えてください。

　M君は中学校1年生まで通常の学級に在籍し，2年生の時に，学習の遅れと集団適応の難しさから「自閉症・情緒障害特別支援学級」に転籍した生徒です。

　図のシチュエーションは，朝の会で○○先生が学級の生徒たちに話をしていたところ，M君が1時間目に行われる体育の授業内容（マラソンかバスケか）が気になって，唐突に発言してしまったケースです。会話中の「小野寺」は偽名です。

1　「呼び捨て」に対する無視

　さて，このケース。あなたが担任だとしたら，状況をどのように解釈し，どのように対応しますか。この事例は私の講義でも扱うのですが，受講生である現職の先生方に尋ねると，まさに三者三様。この事例とまったく同じ対応をするという先生も少なくありません。相手は中学生なのだから，教師は毅然とした態度を取るのが重要で，甘やかすと調子に乗ってしまうということのようです。

　一方で，M君の発言の変化に着目した人もいます。「M君は担任を呼び捨てにしたことで無視されたと判断し，次の発言では，『小野寺先生』と『先生』をつけ，さらに丁寧語にして発言を修正した。それなのに，担任からは，『今は○○先生がお話ししている最中です。後でお話しします』とさらに無視されたので，結果的に『死ねよ』と開き直ってしまったのではないか」と言うのです。先生へ

の暴言は決して許されるものではありませんが，売り言葉に買い言葉のような状況が誘発されてしまったのではないかとも思われます。

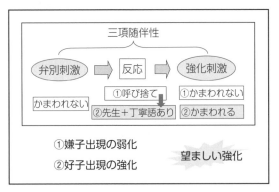

図6　無視の意味

それでは，三項随伴性の視点からこのケースを考えてみましょう。

図6は前項で取り上げた引きこもりのケースと同じ三項随伴性の形です。M君が次の体育の授業でマラソンをするのかバスケをするのか教師（T）に尋ねたのですが，無視されてしまいます。図でいうと「①呼び捨て→①かまわれない」という随伴性です。そこでM君は「小野寺先生，○○しませんよね」と「先生」をつけ丁寧語で発言を修正します（図の反応②）。もし教師（T）の無視が呼び捨てに対するものなら，言い方を修正したM君に対して，教師（T）はすかさず何らかの強化刺激（②かまわれる）を与えるべきだったと思います。「ほら，ちゃんと言えるじゃない」「そうやって言ってくれるとうれしいな」とか，黙ってグー・サインを出して「あとで」とか，「先生の話が終わってから…」といった強化刺激を与えることで，M君の発言の修正が強化されていくものと思います。

もちろんこのケース，他の先生が話している最中の私語なので，M君を叱責するのは間違いではありません。しかし，M君は日常的に暴言を吐いたり衝動的になったりして，そのたびに叱責を受ける生徒であると思われます。この一連の流れから推測すると，教師（T）とM君の関係には明らかなズレが生じており，杓子定規な対応ではうまくいきません。M君の反応に対して適切な強化刺激を与えることによって，M君の言動を望ましい方向へ導いてあげることが必要です。

2　「私語」に対する無視

一方，最初の無視が「呼び捨て」に対するものではなく，M君の「私語」に対するものなら，教師（T）は「私語はダメ」と明確に否定するか，最後まで私語には反応しないという姿勢（無視）を貫くことも有効です。ただしこの場合は，朝の会が終わり次第，直ちにM君に介入し，彼の質問に答えてあげるという強化刺激を与えることが重要です。「他の先生が話している最中は，私はあなたの私語を無視する。でも，それ以外は，ちゃんとあなたの質問には答える」といったメッセージを伝えることです。三項随伴性の視点では**「授業時間の私語→かまわれない」**，**「授業時間以外の私語→かまわれる」**という随伴性を成立させることで，M君の言動は少しずつ変容していくものと思われます。

意味のある言動は相手に対する明確なメッセージになります。ですから，「意味のある無視」は有効であるものの「意味のない無視」は関係性を悪化させることにもなります。望ましくない行動には「無視」，望ましい行動には「ふさわしい介入」をすることが行動分析を理解するうえで重要であると思います。

9 いじめの行動分析

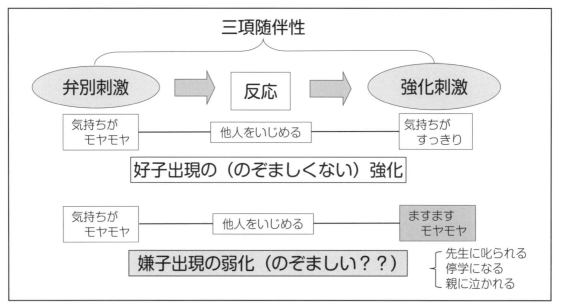

いじめについて三項随伴性から考えてみたいと思います。いじめの動機は様々ですが，いじめる相手がいなければいじめは成立しません。いじめは相手を困らせたり，独占したり，支配したりといった，いわゆる相手を自分のコントロール下におくことで成立します。

1 「所属・承認欲求」の醸成

図のように，いじめた結果，先生に叱られたり，停学になったり，親に泣かれたり，さらには警察に捕まったりすれば，いじめは減少するでしょう。これは，嫌なことが出現して反応が弱まるので「嫌子出現の弱化」です。しかし，「嫌子出現の弱化」は反応が長続きしないことは，すでにお話ししましたよね。とりあえずいじめが減少したとしても，いじ

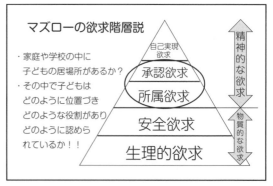

図7 マズローの欲求階層説

めた子どもの「モヤモヤ」が解消されない限りいじめは再発してしまいます。

図7は「マズローの欲求階層説」です。

この図の中で，学校教育において特に重要視されるのが「所属欲求」と「承認欲求」です。いじめや不登校，ひいては「子どもの自殺」等を考える際，この「所属と承認欲求」

が十分満たされているかどうかが重要な鍵となります。いじめの背景には，いじめる側の「歪んだ支配欲」があります。その一方で，いじめる側も誰かにどこかで同じように支配されているのです。マズローの欲求階層説でいうと「所属と承認欲求」が満たされていない状態です。自分の安全基地がはく奪され，自尊感情や自己有能感も満たされていないため，いじめという「歪んだ支配欲」によってバランスを取ろうとしているのです。ものへの欲求は十分満たされているのに，精神的欲求（愛情）に飢えている子，親からの虐待によって自分がわからなくなっている子，家庭の中に居場所がない子，親から自分が完全に否定されている子などなど，いじめる側のほとんどが自尊感情や自己有能感が満たされていない，いつも心に傷を負っている子どもたちであることが少なくありません。ですから，「嫌子出現の弱化」によっていじめを減少させるのではなく，いじめる側の「歪んだ支配欲」を別の形にすり替えて，いじめをなくしていくという視点が重要です。

❷ 「好子出現の強化」へのすり替え

　図8をご覧ください。「モヤモヤ」解消のためにいじめが選択されている限り，いじめはなくなりません。いじめをなくすためには，「嫌子出現の弱化」から「好子出現の強化」へ行動をすり替える必要があります。つまり，いじめに頼らず「モヤモヤ」が解消される新たな反応を作り出し，それを強化していくことなのです。手っ取り早い方法は，「所属と承認欲求」を満たしてあげることで，その一番の近道が保護者の理解と対応なのですが，

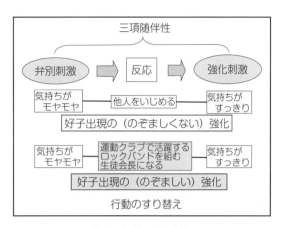

図8　行動のすり替え

実はこれが一番難しい問題です。保護者は自分の対応が間違っているとは自覚していないからです。原因が特定されても解決が難しい場合には，「原因究明型」ではなく「解決志向型」のアプローチが有効です。いじめではなく，どんな活動をすれば気持ちがスッキリするのかを考え，実行に移してみることです。図8では「運動クラブで活躍する」「ロックバンドを組んで客に演奏を見せる」「生徒会長になって，いじめのない学校づくりをめざす」なんてことが考えられます。それほど大きな目標ではなくても，「ペットを買って世話をする」とか「低学年のお世話係になる」といったこともあります。実際，キャリア教育の一貫で，保育園で赤ちゃんのお世話をしたことでいじめ行動が変容した子もいます。

　行動を客観的にとらえて介入方法を検討するうえで，三項随伴性の考え方は非常に有効です。ただ，今回のいじめのケースについては，行動分析による理解とともに，当事者の立場に立った共感的な受け止めが大変重要になります。当事者の思いに寄り添い，当事者の視点から問題を解決していくというアプローチが面接法です。次節でご紹介します。

10　観察法のまとめ

参考：行動分析学入門（杉山尚子，2005）

好子 こうし	行動の直後に<u>出現した場合</u>に行動が強化される刺激や出来事
嫌子 けんし	行動の直後に<u>消失した場合</u>に行動が強化される刺激や出来事

	弁別刺激	反応	強化刺激
好子出現の強化	お金がない	パチンコに行く	お金が増える
嫌子消失の強化	雨に濡れる	傘をさす	雨に濡れない
嫌子出現の弱化	熱くない	ストーブにさわる	熱い（やけどする）
好子消失の弱化	友人がいる	友人を非難する	友人がいない
???	お金がある	パチンコに行く	お金が空っぽ！！ （お金がない）

第1項は，NHKの「ドクターG」を引き合いに，アセスメントの精度を高めることの重要性について触れ，「3K（勘, 経験, 根性）」を理論化することの意味について考えました。

第2項は，名探偵ホームズの「見る」と「観察」の違いを紹介し，事実と解釈を混同しないこと，自分の経験知から安易に解釈するのではなく，客観的事実に基づいて適切に解釈することの重要性を学びました。

第3項では，「Aちゃんとランドセル」の事例から，子どもの行動の意味を正しく解釈することで，子どもの行動が大きく変容することを学び，私たち支援者の姿勢について改めて考えさせられた内容となりました。

第4項は「Sちゃんとクレヨン」というエピソードを紹介し，すり替えることの意味について具体的に紹介しました。このすり替え行動（代替行動）は，行動分析において非常に重要なキーワードであることがおわかりいただけたと思います。

第5項は三項随伴性の基本についてご紹介しました。焼き鳥屋のたとえが適切だったかどうかわかりませんが（お酒が大好きな私にとっては外せないテーマなので…失礼しました）三項随伴性を理解するうえで，非常にわかりやすい事例だったと思います。また，「弁別刺激」「反応」「強化刺激」の関係（随伴性）についても理解・整理できたと思います。

第6項では「高校生の信号無視」を取り上げました。このような事例は，三項随伴性から考えると非常に理解しやすく，特に「弁別刺激の操作」によって，あっさり信号無視が

改善されたことはまさに目から鱗でした。さらには，絶対行かないと決めていた道路向かいの焼き鳥屋についても，新しいC店がオープンしたこと（強化因操作）によって状況が一変したというおまけまでつきました。

第7項では問題行動を規定している要因について三項随伴性から考えてみました。特に，赤ちゃんの「泣く」という反応と高校生の「暴れる」という反応は，「かまわれる」という同じ強化刺激によって誘発されることがわかりました。赤ちゃんの場合は「反応」と「強化刺激」が密接にかかわっていくことでコミュニケーションがより一層深まっていくわけですが，高校生の場合は，逆に，この関係を断ち切っていかなければどんどん悪化することになります。そこで，「暴れたら家を出る（無視する）」から「暴れなかったらかまわれる」という強化刺激のすり替えを行って，「指示に従う」という反応を引き出し，強化することができた事例でした。

第8項では「教師に暴言を吐く中学2年M君」の事例を取り上げ，「無視」の意味について考えました。三項随伴性の視点から考えると，意味のある「無視」は強化刺激となり，望ましくない反応が現れた場合に有効な刺激となります。ただし条件として，それが望ましい行動に変容した時には，すかさず望ましい強化刺激を与えるということが重要になります。望ましい強化刺激によって望ましい反応が強化されていくのです。

第9項では「いじめの行動分析」について三項随伴性から取り上げてみました。いじめの構造は大変複雑なので，三項随伴性ですっきり理解できるものではありませんが，反応

と強化の関係を丁寧に読み解いていくと，その背景が見えてくると思います。ただ，本項でも述べましたが，いじめの対応については，教育相談（カウンセリング）の役割が大きく，ここがきちんと確立されていないと解決の道は遠くなります。教育相談（カウンセリング）については，第2節の「面接法」でじっくり考えていきます。

最後に，本節の締めくくりとして，この三項随伴性についてさらに学びを深めていただきたいと思います。詳細は杉山尚子氏の著書（前出）を参考にしていただくとして，行動はすべて「好子」と「嫌子」，「強化」と「弱化」の4つの組み合わせで解釈できます。冒頭の図を参考に今一度，整理していただくとともに，図の一番下の行動が4つのどの組み合わせになるのかも考えてみて下さい。ヒントは「あったものがなくなって，行動が弱化する」というパターンです。

最後に4つの行動パターンを私なりに整理したもの（図9）を紹介して，本節を終わりにします。

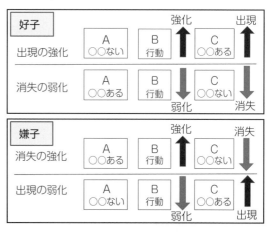

図9　4つの行動パターン

1 「理解」と「共感」の違い

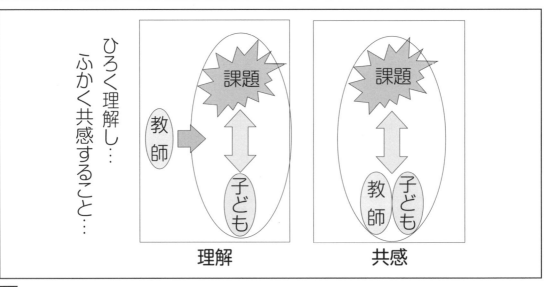

ひろく理解し…
ふかく共感すること…

理解　　　　　共感

1 理解と共感

　上の図は「理解」と「共感」をモデル図にしたものです。子どもが課題に直面して葛藤や苦戦をしている時の教師の立ち位置を示しています。

　理解のモデル図では，子どもがチャレンジしている様子を教師が側から観察し，どこがうまくいっているのか，どこがうまくいっていないのか，課題を解決するにはどのようなことが足りないのか等を客観的に判断・評価しています。また，どこまで我慢し，どのタイミングで手を出すか，どんなアドバイスが有効かなど，介入の仕方についても頭を巡らせています。この理解からのアプローチは，客観的・分析的であることから，前節の「観察法」と同じ視点をもち，日常の学習指導等においては大変有効な方法となります。

　ところが，いじめや不登校のケースでは，この理解からのアドバイスが全く通用しないことが少なくありません。さすがに今は言わなくなったと思いますが，以前は，いじめられている子に対して，「相手から逃げなさい」「いじめっ子にはっきり嫌だと言いなさい」「あなたも悪い」「性格を直しなさい」「もっと強くなりなさい」などと平然と言ったり，不登校の子に向かって「頑張れば学校に来れるでしょ」「学校に来ないと勉強が遅れるよ」「家にいてもつまんないでしょ」「学校なんか行かなくてもいいよ」などなど，単なる自分の思い込みで説得しているケースが少なくありませんでした。このように，理解からのアドバイスは，理解者側の知識や経験をもとに，相手を説得しているだけで，当事者の心にはまったく響いていません。理解はするけど共

感していないのです。当事者は「解決の方法を聞いているのではなく，まずは，私の思いを受け止めて…」と訴えているのです。

2 面接法とは

　発達障害の子育てに苦労されている保護者に「頑張ってください」と言うのは禁句とされています。なぜだかわかりますか。「あなたは，これ以上私に何を頑張れというの…」と保護者は訴えているのです。「頑張れ」は理解者側の言葉で，当事者のものではありません。「一緒に頑張りましょう」だったらどうでしょう。共感的立ち位置に変わりますよね。

　「面接法」は，「まずはあなたの思いに寄り添い（共感），自分ごととして受け止め（自己一致），じっくり話を聞く（傾聴）」という立ち位置から始まります。先ほどのいじめや不登校のケースでは，そこに立ちすくんで身動きが取れない子どもと同じ目線に立って，共感，自己一致，傾聴に心がけます。「あなたはどう思うの」「あなたはどうしたいの」という視点から一緒に課題を眺めてみるのです。「答えはあなたの中にある」という姿勢こそが「面接法」の本質なのです。

3 子どもを山に捨てに…

　発達障害児の保護者が綴った実話（高山恵子編著，おっちょこちょいにつけるクスリ，ぶどう社，2007）の中に「子どもを山に捨てに…」というタイトルを見るだけでもビックリするエピソードが紹介されています。

　このお母さんは発達障害と診断された我が子の育児に疲れ果て，雨の降りしきる夜，息子を山に捨てに行きます。目的地に着くと，

母親は泣き叫ぶ我が子を車の外へ突き飛ばし，Uターンをして山を下って車を止め，ハンドルに顔を突っ伏して泣き叫びます。ところがそこに，恐怖に満ちた顔で，泣き叫びながら山を下ってくる息子の姿を見つけるのです。泣きながら「ごめんなさい」と叫ぶ我が子を抱きしめた時，「この子を殺して自分も死のう」と子どもの首に手をかけます。しかし，我が子のぬくもりがそれを思いとどまらせてくれたのです。子どもを山に捨てに行こうとするのはもちろん尋常ではありませんが，換言すると，それくらいお母さんは追い込まれていたということです。そこに思いを寄せることこそ，まさに共感することの始まりになるものと思います。

　他にも，障害のある子どもに対する親の複雑な胸の内を綴ったものを以下に紹介します。

> 　近所のママたちに，「大丈夫，心配ない」って言われると，「またか」って腹がたってきます。でも，「そうね，遅れてるね」なんて言われたとしたら，それはそれでむちゃくちゃ傷つくと思う。いったい私はどう言ってもらいたいのか，自分でもわかりません。
> 大林泉（こころをラクに，あたまをクリアに，ぶどう社，2003）

　この気持ち，よくわかります。お母さんがどんな思いで子育てをし，周りからの一言一言にどんなに心が揺さぶられているのか手に取るようにわかるエピソードです。

　子どもの行動等を正しく理解し適切に伝えるのが「観察法」の仕事です。しかし，それ以上に，当事者に対する「共感，自己一致，傾聴」がいかに重要であるか，この「面接法」でじっくり考えていきたいと思います。

2 三方向のコミュニケーション

三方向コミュニケーション（フィードバックの重要性）

教授学習過程は，
(1) 教師から学生への情報伝達
(2) 学生の行動の理解・評価
(3) KR情報の伝達
の三方向のコミュニケーションから
なっている（坂元昂，1993）大学教育改善技法，社会情報，
札幌学院大学学術機関リポジトリ

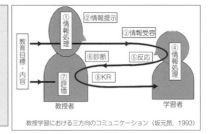

教授学習における三方向のコミュニケーション（坂元昂，1993）

(1) 教師から生徒への情報提示
　　①「教示，指示，合図等」②「発問，質問，出題等」
(2) 生徒の行動に対する教師の評価の働き（診断，観察，点検，検査）
(3) 生徒の行動に対するお返し（KR：Knowledge of Results）
　　①知的KR（肯定，否定，確認等）②情的KR（受容，承認，賞賛，激励等）

「実習生は『発問』が多く『KR』が少ないが，熟練教師は『KR』が多く『発問』
が少ない」（北尾ら，1985，教授技能の分析的研究，大阪教育大学紀要）

　上の図は，東京工業大学の坂元昂氏が提唱した三方向のコミュニケーションを整理したものです。教授学習過程は（1）教師から学生への情報伝達，（2）学生の行動の理解・評価，（3）KR情報の伝達，の三方向のコミュニケーションからなり，特に「生徒の行動に対するお返し」である「KR（Knowledge of Results）」が重要であるとしています。

1 KRのススメ

　図では，①教師は今日の授業のねらいや進め方を整理し，②子どもたちに発問という形で情報を提示します。③子どもは教師の発問を受け，④発問に対する答えを導き出し，⑤発表します。⑥教師は子どもの答えが適切であるか診断し，⑦評価します。⑧最後に教師

は「いいね」とか「よくできたね」などの「情的KR」や「今の答えは○○君と同じかな」「○○君はこのように発表してくれたけど，他に考えがある人はいるかな」といった「知的KR」を返します。坂元氏は，教師がどのタイミングで，どのようなKR情報を発信するかが重要であると指摘しています。

2 適切なKR（フィードバック）

　笑い話ではありませんが，「わかりましたか」という先生の問いかけに，ほとんど全員が「はい」と答えてしまうことがあります。逆に「わかりません」などと正直に反応したら，先生に怒られてしまうかもしれません。国語教師の大村はま先生は，その著書（教えるということ，共文社，1973）の中で，教師

が子どもに「わかりましたか」と言うのは禁句であると述べています。「わかりましたか」だけのフィードバックでは，本当に子どもが理解しているかどうか確認できないのです。子どもの発言に対する適切なKR（フィードバック）の重要性について，以下に示す教師と子どもの会話の例（図1）で考えてみます。

①子ども：「先生，あのね，昨日ね…」
②先生：「エ，なに，どうしたの？」
③子ども：「お母さんがけんかしたの」
④先生：「エ，誰と…？」
⑤子ども：「お父さん」
⑥先生：「そう，それでどうしたの…？」
⑦子ども：「お母さん，泣いちゃったの…」
⑧先生：「えっ？…，それは大変だったね」
⑨子ども：「それでね，それでね…」
⑩先生：「どうしたの…」

図1　教師と子どもの会話

この教師と子どものやりとりは，実はあまり望ましくない例として取り上げました。先生は子どもの発言内容に，ほとんど適切なフィードバックをかけていないのです。幼児や低学年の子どもの場合は，一連のお話を順序立てて説明することが特に苦手です。ともすれば，今，自分が話していることでも，どこまで話したか，何を話していたのかわからなくなってしまうのです。ワーキングメモリーが十分発達していないともいえます。一生懸命話しているけれど，話したことが整理できていないのです。同じような例で，読みの苦手な低学年の児童に教科書を読ませ，どんなことが書かれていたか尋ねると，「僕は読んでいたけど聞いていません」と答えたそうです。読んでいるけど理解できないのは，文字を音にかえることに一生懸命で，読んだ内容を理解することにまでエネルギーが回っていないと考えられます。

3　フィードバックを修正すると…

先のケースは，先生に昨日の出来事を一生懸命伝えようとすればするほど，そちらにエネルギーがとられて，今，何を話しているのか，次に何を言ったらいいのかわからなくなってしまった例です。子どもの話した内容に教師が質問したのは④の「エ，誰と？」のみです。②⑥⑩は「どうしたの？」という次の展開に向けた誘導，⑧は教師の感想（共感）で，子どもの発言（言葉）に対するフィードバックは1つもありません。子どもの言葉が再生されていないのです。それでは，フィードバックを以下のように修正してみましょう。

①子ども：「先生，あのね，昨日ね…」
②先生：「エ，なに，<u>昨日</u>どうしたの？」
③子ども：「お母さんがけんかしたの」
④先生：「エ，<u>昨日，お母さんがけんかしたの？</u>
　　　　　誰と…？」
⑤子ども：「お父さん」
⑥先生：「<u>そうか，昨日，お父さんとお母さん</u>
　　　　　<u>がケンカしちゃったんだ。</u>
　　　　　それは大変だったね。
　　　　　それでAちゃんは大丈夫だったの？」
⑦子ども：「お母さん，泣いちゃったの…」
⑧先生：「そう，<u>お母さん泣いちゃったんだね</u>」

図2　フィードバックの修正

いかがですか。相手の発言を上手にフィードバックしてあげることで会話の雰囲気はずいぶん変わってきますね（図2）。この辺が面接法の醍醐味なのではないかと思います。

3　フィードバックの効用

①子どもがぴょんぴょん跳ねたら，同じようにぴょんぴょん跳ねる

②子どもが "バババ…" と言ったら，そのまま "バババ…" と返す

③子どもの行動や気持ちをすかさず実況中継する

④大人（自分）の行動や気持ちを自ら実況中継する

⑤「タラスがタアタア」に対して「カラスがカアカア」と正しく伝える

⑥子どもが「わんわん」と言ったら「わんわん，かわいいね」と広げて返す

⑦子どもが汚い言葉を使ったら，否定せずに正しい見本を示す

　上の図は，竹田契一氏が提唱した「インリアル・アプローチ」の7つの技法に基づいて，具体的な場面で想定される内容を紹介したものです。「インリアル・アプローチ Inter Reactive Learning and Communication」は，言語心理学的技法で，子どもの言語の問題ばかりに目を向け，子どもの感情や主体性，子どもらしい生活を無視するような従来の訓練を否定し，「子どもを尊重し」「大人主導から子ども主導型」への転換を目指したアプローチです（実践インリアル・アプローチ事例集，日本文化科学社，2005）。

　「かかわりの基本姿勢」として，英語の頭文字をとって「SOUL」と命名し，以下の4点をあげています。

・Silence（静かに見守ること）

・Observation（よく観察すること）

・Understanding（深く理解すること）

・Listening（耳を傾けること）

　また，7つの技法については，それぞれ，①ミラリング，②モニタリング，③パラレル・トーク，④セルフ・トーク，⑤リフレクティング，⑥エキスパンション，⑦モデリングと命名しています。

　それでは，具体的に解説していきます。

①ミラリング，②モニタリング

　ミラリングとはこちらが鏡になって，子どもの行動をそっくりまねることです。教育相談で重度の自閉症のお子さんとかかわる時は，このミラリングにずいぶん助けられました。彼らとの最初の出会いで特に気をつけることは彼らのテリトリーを侵さない，不用意に立

ち入らないということです。それにしくじる
と，彼らは意図的にこちらを避けて，その後
の関係もうまく進みません。受け入れてもら
うためには，まずは彼らの視界に入るテリト
リーの外で，ミラリングやモニタリングをする
のです。子どもがホッピングをすればこち
らもホッピング。「ババババ…」と言えば「バ
ババ…」と返します。すると「何だ，こい
つ？」とこちらを注目し始めます。これがサ
インです。少しでも目があったり，何らかの
関心を示してくれたらチャンス。モニタリン
グやミラリングを続けながら少しずつ近づき，
仲間（敵ではない？）と認めてくれたらしめ
たもの。あとは，そばに寄って一緒に活動す
ることができるようになります。このミラリ
ングやモニタリングは言語的なコミュニケー
ションが十分でない子どもとの関係において，
大変有効な技法になります。

　そういえば，赤ちゃんをあやしているお母
さんも，知らないうちにこのミラリングやモ
ニタリングを使っていますよね。

③パラレル・トーク，④セルフ・トーク

　自分の思いや行動がうまく言語化できない
子どもには，大人が代弁してあげるのがパラ
レル・トーク，大人の思いや行動を言語化し
て子どもに伝えるのがセルフ・トークです。
パラレル・トークは私の息子によく使いまし
た。息子が一人でパンツを履こうとしている
時，「あ，今，○○君は一生懸命パンツを履
いています。あ，今，右足を上げてパンツの
穴に足を通しています。早い，早い…」とい
った具合です。息子は実況中継が自分の行動
に向けたものだと気づき，さらに夢中で頑
張ってくれます。

セルフ・トークもずいぶん使いました。「先
生は，今，○○ちゃんがやったことに，とて
も悲しくなっています…」とか「先生は今，
とてもお腹が空いているので，早く給食時間
にならないかなぁと思っています」といった
感じです。

⑤リフレクティング

　リフレクティングは教育相談に来た構音障
害の子どもの親御さんによくお伝えしました。
「タラスがタアタア」となる子どもに対して，
お母さんは「タラスじゃないよ。カラスだよ」
と子どもの言い誤りを修正しようと必死です。
でも，そのことでかえって子どもの顔は引き
つっています。そんな時は，言い誤りを修正
せず，「そうだね，カラスがカアカアって鳴
いてるね」とお母さんの正しい発音を聞かせ
て下さいね，とお願いしています。

⑥エキスパンション，⑦モデリング

　エキスパンションは，「ママ，ワンワン」
と指差した子どもに，「そうだね，ワンワン
いるね。小さくてかわいいね」といったよう
に言葉を広げて返す技法です。こうすること
で，子どもは言葉の関係性に気づき，言葉の
ネットワークも強固になっていきます。

　モデリングについては，児童精神科病棟に
入院していた小学校１年生のＴ君を思い出し
ます。同じ病棟の中学生の悪い言葉をたくさ
ん覚えてしまい，ある時，友達に「てめえ，
それよこせ」と言ったのです。すかさず教師
は「○○ちゃん，それちょうだい」と何度も
繰り返します。するとＴ君。先生のお手本ど
おりに正しい言い回しに修正してくれました。
これがモデリングです。

4 事例1 どのように返答しますか？

> ①年配の先生に向かって「おばあさん先生，おはようございます」と元気に挨拶してくるＡ君。でもその言い方はやめてほしいのですが…。
>
> ②幼稚園年長児Ｂ子ちゃんに「先生のこと好き？」と尋ねた担任。すると「まだ，80％しか好きでない！！」と言われた。
>
> ③校長・教頭・担任の先生が廊下で立ち話。それを見ていた小学校１年生のＣ君。３人の顔をジロジロ観察しながら一言。「誰が一番えらいんですか？」

ここでは自閉症タイプの子どもと先生との興味深い会話について３つほど紹介します。どの事例も笑えない話ですが，実際にこのような質問を皆さんが受けたら，どのように返答しますか。少し考えてみてください。

1 「おばあさん先生！！」への対応

自閉症タイプの子どもたちとかかわりのある方なら，この手の表現はよく耳にするので慣れっこになっていると思います。でも，自閉症の特性をあまり知らない方であれば，「私はまだおばあさんではありません」と烈火の如く怒ってしまうかもしれません。お孫さんができても，自分のことを「おばあちゃん」と呼ばせず，「グランマ」とか「○○ちゃん」と名前で呼ばせるケースも少なくないと聞きますから，これを面と向かって言われたら相

当ショックかもしれません。

さて，それでは，どのように切り返したらいいでしょう。自閉症タイプの子どもを指導する際のポイントの１つに「廊下は走らない」ではなく「廊下は歩く」といったように，何をすればいいかを明確に示すというのがあります。「廊下は走らない」と言われても，それでは「廊下ではどうすればいいのか」わからないからです。それと同じ原理です。Ａ君は年配の先生にわざと「おばあさん」と言っているのではありません。もちろん，嫌いだからとか意地悪で言っているのでもありません。Ａ君は，そのような表現しか知らないと考えることです。そうであれば，正しい言い方を伝えるだけで問題は解決します。

「今度から，おねえさん先生と呼んでね」ではちょっと無理があるので（失礼），「先生

の名前は○○といいます。今度から○○先生と呼んでね」くらいがいいでしょう。もう少し付け加えるとすれば、「Aちゃんは○○という名前（苗字）だよね。先生の名前（苗字）は○○です。だから、今度からは○○先生と呼んでね」と言えば完璧でしょう。

② 「まだ80％しか…」への対応

　このB子ちゃんの返答にはカチンときますよね。KYでありませんが、相手が傷つくことを平気で言ってきます。しかも数字まで示して。これも自閉症タイプの子どもの特徴の1つです。学生に聞いてみると、一般的には「80％も好きになってくれてありがとう。でも、100％好きになってほしいな」あたりが模範解答でしょうか。中には、「それなら先生もB子ちゃんのこと80％しか好きにならない！！」なんて、なんとも挑発的な返答を返す学生もいました。これだと、まるで子ども同士の喧嘩みたいですね。他には、「どうして80％なの？」とか「残りの20％は何が足りないの」といった回答をしました。だいぶいい感じですね。

　自閉症タイプの子どもは、一般的に「なぜ」とか「どうして」系の質問が苦手で、できるだけ「なに」系の質問をすることが望ましいといわれています。「なぜ」や「どうして」は（気持ち）で、「なに」は（事実）だからです（小野寺基史、発達障害児へのピンポイント指導、pp.64-65、明治図書、2009）。ですから、「20％は何が足りないの」の返答はかなりいい感じだと思います。実は、これは実際にあった事例なのですが、この時の担任はB子ちゃんの返答にこのように切り返しました。「B子ちゃんに100％好きになってもらうには、先生は何をしたらいいの？」

　お見事です。実はB子ちゃんはまだ先生と会って間もないため、100％ではないということのようでした。おそらくもう少し月日が経てば、先生のことを100％好きになってくれるのでしょうね。

③ 「誰が一番えらいの？」への対応

　このケースもよくある話ですね。子どもが先生方の顔をジロジロ見比べている光景が目に浮かぶようです。もっとも私なら、「今、先生方は大切な話をしているので教室にいてね」と指示を出すか、さっさと職員室に戻って話をするべきでしょうが、ま、時間もそんなになかったのかもしれません。余談はさておき、どう返答しますか。一般回答は「みんなえらいんだよ」「みんな一番だよ」あたりでしょうか？「そんなこと聞いてはいけません」とか、「一番は校長先生、二番が教頭先生で、三番は○○先生」なんて返答する人はいないですよね。これはマズいですね。もっとも、C君にとっては順位を明確にしないと納得しないでしょうから、「みんな一番」「みんなえらい」は理解できないかもしれません。

　望ましいのは、○○の視点からは誰々が一番（えらい）と明確に示すことかと思います。正解はありませんが、私なら、「担任の○○先生はC君や学級のお友達に毎日勉強を教えているので一番えらい。教頭先生は○○先生方の先生（担任）でいつも職員室を守っているのが一番えらい。校長先生は○○先生や教頭先生やすべての職員さんを守っているので一番えらい」なんて説明するかと思います。

5 事例2 自分の言動を棚に上げて，人のことばかり注意する中学1年D君

中学校1年生のD君は，自分の言動や行為等を棚に上げて，人のことばかり注意したり非難したりすることが多く，いつも友達とトラブルを起こしています。給食時間も，D君は口を閉じずに咀嚼したり，音を立てたり，こぼしたりすることが多いのに，自分では一向にお構いなしで，周りから嫌がられています。

ところが，先日の給食時間，向かいの生徒の食べ方が汚いと文句を言い続け，結局，喧嘩になってしまいました。

どのように対応したらいいでしょう。

このケース，少なからず皆さんにも経験があると思います。自閉症タイプの子は，一般的に自分を客観視することが苦手です。でも，自閉症に限らず，私たちにもそれはよくあることです。周りから指摘されても「自分はしていない」「自分は違う」と反論することは少なくないと思います。それは何故なのか。ここで少し考えていきたいと思います。

1 自分の言動は自分からは見えない

教育相談室にご両親がいらして，子どもの学習について相談を受けました。子どもの勉強の仕方，させ方等についてよい方法があったら教えてほしいというのです。お母さんは「私がこんなに一生懸命，息子に勉強を教えているのに，息子はちっともやる気を見せないし，成績も全然上がらない」と訴えます。すると突然，横に座っていた父親が「何を言ってるんだ。お前のあんな教え方だったら，誰だってやる気が起きないよ。お前の顔は，まるで鬼みたいに怖いし，あれじゃ拷問だよ」と吐き捨てました。母親は父親の突然の指摘にすっかり切れてしまい，「私だって必死で頑張っているのよ。じゃあ，あなたが勉強教えてくださいよ！！」と，相談室はすっかり険悪な雰囲気になってしまいました。私はすぐに，「まあまあ。お母さんも一生懸命頑張ってこられたのだし，お父さんだって仕事があってそんなに息子さんの勉強を見てやれないでしょうから…。大切なのは，息子さんが自分からやる気になることなので，どのような手立てがあるのか一緒に考えていきましょ

う」と二人を落ち着かせ、「それでは今度、お母さんが息子さんにどのように勉強を教えているのかビデオに撮って見せてください。その時に、また対策を考えましょう」とお話しし、その場は引き取っていただきました。

2 ビデオの効用

その後、ビデオを持参して相談室にやって来た両親。早速3人でビデオを見ていたのですが、しばらくして、私が2人の表情を覗き込むと、父親には変化は見られないのですが、母親の表情が何やらおかしい。眉間にシワを寄せ、難しい顔でビデオを見ているのです。そして一言。「私こんなに怖い顔していないわ」と。父親もすぐに反応して「だから言ったろ」と発した後、そのまま沈黙が続いています。私は、とりあえず、お母さんの日頃の頑張りとお父さんの指摘の両方を認めたうえで、今後の勉強のさせ方等についていろいろお話ししました。ビデオをお願いしたのは、お父さんのご指摘のとおり、お母さんの勉強のさせ方についてお母さんに気づいていただきたかったからです。お父さんの指摘で素直に修正できればいいのですが、一生懸命教えていると思っている母親には、父親の指摘を素直には受け入れないでしょう。自分を客観視する方法として最適なのがビデオです。現実を受け止めるためには、人に指摘されるより自分で納得するのが一番なのです。

3 客観視することの意味

さて、ここまでお話しして、D君への対応のヒントがイメージできたと思います。私は先生にお願いして、D君の給食時の様子をビデオに撮ってもらうことにしました。ただ、ここで重要なのは、本人と保護者に必ず同意をとっておくことです。このことは忘れないでください。

さて早速、担任は給食時間の様子をビデオに撮って、「このビデオ、夕方にでもお母さんと見てね」とD君に持たせました。夕方、D君は母親と一緒に給食時のビデオを見ています。何だか、D君の表情がイライラしています。そして一言。「母さん、これ俺じゃない！！」D君はこのビデオを見てどう思ったのでしょう。本当に自分ではないと思ったのでしょうか。そうではないですね。いつも友達に指摘していた映像が、まさか自分にも降りかかってきたという事実です。

面接法はここからが重要です。先ほどの父親のように「だから言ったろ」ではうまくいきません。多感な中学生ですから、「そんなのわかってるよ」とか「だからなんなんだよ」と開き直られる可能性が大です。面接法は「答えは子どもの中にある」ですから、一言、「どうする？」で十分です。これで十分メッセージは届きます。実際このケースでは、本人がハンカチと小さな手鏡をポケットに入れることで問題は軽減したそうです。

もう1つ、事例を紹介します。

学習発表会の練習時に決まって悪ふざけをしてみんなから注目を集めていた小学校2年の男の子。先生は大変困って、総練習のビデオをその日の給食時間に流したそうです。するとどうでしょう。その子は学習発表会本番で、バッチリ演技をしたそうです。まさにビデオの効果。彼は初めて自分を客観視できたのですね。

6 　言い方を変えてみると…

Q1　否定質問(why)
Q2　ユー・メッセージ
Q3　過去質問

 から へ

肯定質問(what, how)
アイ・メッセージ
未来質問

Q1　なぜ，書かないんだ？

Q2　そんなことをしたら，ダメじゃないか！！

Q3　今まで何をやってたんだ！！

1　何気ないメッセージへの気づき

　「なぜ，書かないんだ」「そんなことをしたら，ダメじゃないか」「今まで何をやってたんだ」という言い方は，きつくて強いメッセージです。上から順番に，①「否定質問」②「ユー・メッセージ」③「過去質問」といわれています。

　「なぜ，海より山がいいの」「なぜ，○○大学に行きたいの」といった「なぜ」は，言外に意味を含まない単純な「なぜ」なのですが，「なぜ，食べない」とか，「なぜ，歌わない」といった「なぜ」は，言外に「食べなさい」とか「歌いなさい」といった現状を否定する強いメッセージが込められています。このような言い方をされると，子どもは萎縮して，答えに窮してしまうことになります。

　「ユー・メッセージ」は読んで字のとおり「あなた」へのメッセージです。「よく頑張ったね」とか「輝いていたよ」など，良い意味のメッセージは効果がありますが，「何やってるの」「ダメじゃないか」「ちゃんとしなさい」などの否定的なものは，全く逆のメッセージになってしまいます。

　「過去質問」もよく使うメッセージです。起こってしまった事実に焦点をあて，反省を促し，今後は起こさないように指導するのが一般的です。過ちを振り返り，反省させることは悪いことではありませんが，今後，そのようなことを起こさないためには，反省だけでは解決しません。観察法の「嫌子出現の弱化」のところでも取り上げたように，長続きしないのです。

2 言い方を変えてみると…

　それでは，この3つの質問形式と全く正反対の言い方について考えてみます。ちょっとした言い方の違いなのですが，これらを上手に使い分けると，子どもたちの受け止め方に大きな変化が生まれます。

①「否定質問」には「肯定質問」，②「ユー・メッセージ」には「アイ・メッセージ」，③「過去質問」には「未来質問」が正反対に位置する質問になります。

　それでは，図のQ1からQ3の質問を，それぞれ置き換えてみてください。いかがでしょうか。それでは，予想される質問の仕方を図3に示してみます。

```
①  否定質問：なぜ，書かないんだ？
①' 肯定質問：何か書けない理由はあるの
            どうしたら書けそう？
②  ユー・メッセージ：そんなことをしたら，ダメ
                    じゃないか！！
②' アイ・メッセージ：そんなことしたら，悲しい
                    な…
③  過去質問：今まで何をやってたんだ！！
③' 未来質問：これからどうしたらいい，
            どうしたら解決できる
```

図3　質問の置き換え

　「なぜ，書かないんだ？」が「どうしたら書けそう？」に変わると，受け止めるニュアンスが全く違ってきますね。同様に，「ダメじゃないか」と言われるより，「そんなことをしたら，（先生は）悲しいな」と言われると胸がキュンとします。「先生を悲しませないように，今後は気をつけよう」となるかもしれません。未来質問は，何だか元気が出てきますね。起こったことは仕方がないとして，「起こらないようにするには，どうしたらいいか」を考えることは，まさに解決志向型の発想です。

3 遅刻した生徒への対応

　それでは最後に，遅刻をした生徒に向かって，「なぜ，遅刻したんだ」とカンカンに怒っている先生をイメージして，今のように質問を置き換えてみましょう。

　まずは「肯定質問」ですね。「最近遅刻が多いけど，何かあったのか？」といった感じでしょうか。言外に「遅刻をするな」というメッセージをもつ「なぜ」に比べて，ずいぶん柔らかい感じがしますね。これだったら，「先生は俺のことを心配してくれている」なんて生徒が感じてくれるかもしれません。

　それでは，これに「アイ・メッセージ」を入れてみましょう。「最近遅刻が多いけど，何かあったのか。先生はちょっと心配してるんだぞ！！」といった雰囲気ですね。ずいぶんいい感じになってきました。それでは，3番目の未来質問です。未来質問は，その時のシチュエーションで言い方に工夫が必要ですが，概ねこんな感じでしょうか（図4）。

```
「最近遅刻が多いけど，何かあったのか。
                        （肯定質問）
先生はちょっと心配してるんだぞ！！
                        （アイ・メッセージ）
①良かったら相談に乗るから，あとで職員室においで。
②遅刻しないように，先生も一緒に考えてあげるよ。
③何か理由があるなら，話してほしいな。
                        （未来質問）
```

図4　3つの質問を合わせると

　いかがですか。言い方を意識して変えるだけで，ずいぶん印象は違ってきますね。

　こちらの言い分を一方的に相手に伝える前に，相手（生徒）からの答えを引き出すことの意味。まさに，答えは相手の中にあるということです。

7 答えは子どもの中にある

ちくちくメッセージ	ふわふわメッセージ 質問の技法を中心に
・何度言ったらわかるの ・何やってるの ・何考えてるの ・ちゃんとしなさい ・お姉ちゃんは頭がいいのに ・嘘ばっかりついて ・いいかげんにしなさい	・どうすればできそう ・何か難しいことある ・どうしてそう思ったの ・どうなりたいの ・今どんな気持ち ・もう少し詳しく話して ・その時どう思ったの

　本項では「ちくちくメッセージ」と「ふわふわメッセージ」のメッセージが相手に与える影響について，少し考えてみたいと思います。

1 ちくちくメッセージ

　上図の「ちくちくメッセージ」は，強くてきつい言葉です。しかも，こちらの思いを一方的に相手に伝えるユー・メッセージになっています。実は，我が子に対する親の思いが強ければ強いほど，知らず知らずのうちに「ちくちくメッセージ」が増えていきます。その一方で，それとは正反対に，「自分はできる」「自分ならやれる」といった子どもの自己有能感が減少していくことになります。

　特に，心配なのは，この「ちくちくメッセ

ージ」が日常的に子どもに浴びせられている状況です。これは言葉の暴力というより，子どもに対する虐待と考えるべきであり，このことによって，本人の自尊感情（セルフエスティーム）はすっかり落ち込み，何事にも自信がもてず，自分を発揮できない子どもに育ってしまうおそれがあります。またはその反動として，自身に浴びせられた暴力を他の弱い者に転嫁させてしまう可能性も少なくありません。

2 阿川流聞き上手とは…

　芸能界で活躍中の阿川佐和子さんは大変な聞き上手と言われています。阿川さんはもともとインタビューが苦手で，最初の15年くらいはインタビューについては褒められるどこ

ろか，いつも怒られていたと述懐しています。その後も彼女は，インタビューに対する苦手意識を強くもっていたとのことです。しかし，それから10年くらいたって，たまたま週刊誌に掲載される「対談のホステス」の仕事への打診があり，上手でなくてもいい，「アガワらしい対談」ができればそれでいいと開き直ってその仕事を引き受けたそうです。その後，彼女のインタービューの腕前はとんとん拍子で周知されることとなり，この手の本（聞く力，文藝春秋，2012）が出版されるまでになりました。

彼女の「聞く力」の技についてはここでは詳しく紹介できませんが，「阿川流聞き上手」ついて私なりに整理すると，以下の３点に集約できると思います。

---

① 「話し手を好きになる（話し手に興味や関心を抱く）こと」

② 「話し手の話の内容に深い関心を示す（自分事として受け止める）こと」

③ 「話の内容を掘り下げて質問していく（焦点を絞って深く聞いていく）こと」

図5　阿川流聞き上手の極意

聞き手の興味・関心ではなく，話し手の興味・関心にフォーカスし，それについて掘り下げて聞いていく。そうすることで，相手は自分の好きなことを聞かれているので，聞かれていないことまで話したり，普段は話さないことまでうっかり話してしまったりするということのようです。

3 答えは子どもの中にある

「ちくちくメッセージ」はこちらの一方的な思い（感情）の伝達であり，相手からの返答を期待していません。ですから，一生懸命伝えても会話は一方向，それでおしまいになってしまいます。「子どものために助言している」と主張しても，それは「子どものため」ではなく「自分のため」なのです。

一方，相手を肯定する「ふわふわメッセージ」は，子どもからの返答を期待しています。というより，子どもからの返答がないと会話は成立しません。「答えは子どもの中にある」という視点で，「子どもの立場に立って」聞いているからです。

子どもの思いが推測できても，それが正しいかどうかわからない時は，子どもに聞いてみるのが一番確かな方法です。子どもに尋ねることで，子どものその時の状況や思いが明らかになり，どうすれば解決できるかといった次の一手が見えてきます。「Not Knowing（無知／知らない）の技法」という考え方です。

時には子どもに明確な答えが見つからず，教師がそれなりの答えをもっている場合もあります。その際には，教師が選択肢を示すことが有効です。たとえば，「その時は○○だったのかな，それとも△△な感じ？　□□というのもあるよね」といった選択肢を示すことで，子どもが自分の一番近いものを選択することができます。時には，提案された選択肢をたよりに，子ども自らが自分の思いを言語化することもあります。

コミュニケーションスキルはいろいろな学会や研究会，書籍等でも学ぶことができます。特に教育に携わる者として，このようなスキルの重要性を自覚し，これからも是非，学びを深めていただきたいと思います。

8　やる気を支える3つの要求

①**有能さへの欲求**：有能でありたいと望む気持ち

　※認められたい。褒められたい。自分ならできる！！

②**自律への欲求**：自己決定の欲求

　※自分が選んで決めたい！（自己選択・自己決定→自己責任の醸成）

③**関係性の欲求**：人に愛され必要だと思われたい欲求

　※自分は人の役に立っている。人を幸せにしている！！

（参照）人を伸ばす力（エドワード・L・デシ&リチャード・フラスト，新曜社，1999）
子どもの「やる気」のコーチング（菅原裕子，PHP研究所，2014）

上図は，「やる気を支える3つの要求」として「有能さへの欲求」「自律への欲求」「関係性の欲求」を挙げています（デシ&フラスト（1999），菅原（2014）参照）。

1　有能さへの欲求

「有能さへの欲求」はマズローの欲求階層説（第1節の図7）の承認欲求と重なります。「自分は有能でありたい」と誰しもが思っていても，前項で紹介した「ちくちくメッセージ」を日常的に浴び続けている子どもは，自分はダメ人間であると自覚し，自尊感情（セルフエスティーム）も落ち込み，何事にも自信がもてず自分を発揮できない，いや発揮しようとしない子どもになってしまいます。そうした子どもに，「もっと自信をもちなさい」とか「もっとやる気を出して」と励ましても，

そもそも発揮するためのエネルギーが放電状態なので意味をなしません。

最初にやるべきことは，所属・承認欲求を満たしてあげることです。「あなたのことはちゃんと見ているよ」「よく頑張っているよ」「このままの調子なら，きっとうまくいくよ」といったメッセージや態度を発信し続けることです。そうすることで，子どもは初めて「自分は頑張れる」「頑張ればきっとうまくいく」といった自信が芽生え，有能でありたいというエネルギーが湧いてきます。

2　自律への欲求

「自律への欲求」は自己有能感が育って初めて芽生えてきます。「自分ならできる」「頑張ればきっとできる」といった自己有能感が育っていないと，自己決定してチャレンジす

ることはできません。「指示待ち人間」という言葉があります。自分の言動をことごとく否定されたり，失敗したことを強く叱責されたりする子どもは，自分の言動に自信がもてず，人の顔色を伺いながらいつもビクビクしています。結局，指示を待って行動するほうが無難であると判断し，指示待ち人間に徹するのですが，指示を受けて失敗した時には決まって，「僕が決めたわけじゃない」「お母さんがやれって言ったから」などと責任転嫁をしてしまいます。

　一方，自己有能感が十分に育っている子どもは失敗することを恐れず，自分で選択・決定しながら何事にもチャレンジします。また，自分でトライしたことには自分で責任を取ろうとします。望ましい自律への欲求は，自己選択，自己決定を促し，さらには自己責任を育んでいくことになります。

③　関係性の欲求

　「関係性の欲求」は人に愛され，必要だと思われたい欲求です。自分は人の役に立っている，人を幸せにしているといった自覚です。「はたらく」は「端（はた）を楽にする」「勉強するのは人を幸せにするため」といわれます。医者や教師，ビジネスマン，配送業者のおにいさん，コンビニのおねえさん，農業や漁業で働く人々等。それぞれがそれぞれの仕事をとおして，人々を幸せにしているのです。

　日本理化学工業というチョークを作っている会社は，知的障害の社員が7割を占めているそうです。その知的障害の社員は，高い熱を出しても多少の怪我をしても，絶対に会社を休まないのだそうです。「彼らはなぜこん

人間の究極の幸せとは？

- ・人に愛されること
- ・人にほめられること
- ・人の役に立つこと
- ・人に必要とされること

日本理化学工業（株）社長：大山泰弘氏
（参照）坂本光司，2008，日本でいちばん大切にしたい会社

図6　人の究極の幸せとは？

なに一生懸命働くのだろう」と不思議に思った当時専務の大山泰弘さんは，ある住職に尋ねます。すると住職は上の4つの理由（図6）をあげ，そのうち2番目以降はすべて働くことで得られるもので，だから彼らは一生懸命働くのだと言われたそうです。

　家庭の中で所属や承認欲求が満たされていない子どもは，自分をかまって欲しくて，決まって学級の中で暴れたり暴言を吐いたりします。その行為をとがめ，やめさせようとすればするほど，彼らはかえってエスカレートします。それはなぜでしょう。認めてほしいのです。誰かの役に立ちたいのです。でも注目を集めるには，悪さをすることしか彼らの選択肢にないのです。

　「そんなにエネルギーがあるなら先生の肩でも叩いてくれない」とそのエネルギーを肩叩きにすり替えてみる。「あ〜，Aちゃんのおかげですっかり楽になった。ありがとね。また，今度やってね」と先生が言ったら，次回のAちゃんは暴れるでしょうか。それとも先生の肩を叩いてくれるでしょうか。答えはAちゃんの中にあるということです。

9　個人因子と環境因子

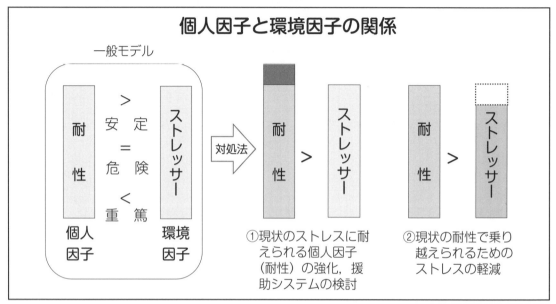

1　個人因子と環境因子

　上の図は耐性（個人因子）とストレッサー（環境因子）の関係を示したものです。

　一般的に【耐性＞ストレッサー】であれば，耐性がストレッサーを十分受け入れているので問題ありません。一方，【耐性＜ストレッサー】であれば，耐性がストレッサーに耐えきれない状態と判断でき，かなり重篤であることが予想されます。【耐性＝ストレッサー】は，ダムに溜まった水が今にもあふれそうな状態と考えられるため大変危険です。もっともこの状態が【耐性＜ストレッサー】から改善した移行の段階であれば，【耐性＞ストレッサー】に向けて，今の支援を続けていくことになります。それでは，子どもが【耐性＜ストレッサー】の状態に陥っている時，私た

ちは現状をどのように打開し，改善に向けて支援していけばよいのか考えます。

2　現状の耐性を強化する方法

　まず，図①ですが，これは耐性をストレッサー以上に高める方法です。手っ取り早い方法は，「もっと根性入れろ」「そんなことくらい我慢しろ」「いじめられたらいじめ返せ」などといった日本の伝統的な根性論的指導法でしょうか。ま，これで不登校やいじめが改善するとしたら苦労しませんよね。他にも「援助システムの検討」というのがあり，「仲の良い友達を隣の席にする」「TTをつける」といった耐性の補強や，「校内をPTA役員が見回る」「警察が巡回する」といった耐性の防御が考えられます。しかし，これはスト

レッサーに飲み込まれないための外的援助であり，本人の耐性が高まっているわけではありません。

3 現状のストレッサーを軽減する方法

図②は「現状の耐性で乗り越えられるためのストレスの軽減」を目指しています。現在の耐性で十分持ちこたえられるよう環境因子（ストレッサー）を軽減させる方法です。

たとえば，「学級に入れない」というのであれば，学級に入るというストレスを軽減する。つまり，相談室や保健室登校の検討や学級の子どもたちが帰ってからの時差登校というのが考えられます。「学習についていけない。勉強が難しい」というのであれば，リソース・ルームの活用や取り出し指導の工夫，学びのサポーター等の活用が考えられます。「日常的に不登校が続いている」のであれば，1週間の1～2日程度，自分が参加できそうな授業を受けるとか，難しければ，給食のみの参加や図書室やコンピュータ室の利用等も考えられるでしょう。「担任が怖い。担任との相性が悪い」というのであれば，保健室や相談室の利用，職員室でのプリント学習，リソースルームの活用，もちろん，担任の「指導・相性ストレッサー」を軽減させる手立てを講じることも重要なポイントです。「特定の子どもからいじめを受けている」というのであれば，いじめの現状を分析しながら，当事者やその保護者への指導や対応を図ることで，ストレスを軽減することができます。また「現状がどうなれば学校に来られそうか」について，直接本人から聞き取ることも重要です。本人が現状のストレッサーをどのようにとら

え，環境因子がどのように改善されればストレスが軽減されるのかを客観的に知ることができるからです。そうすることで具体的な手立てが講じられ，本人へのストレッサーは確実に軽減していくものと思います。

4 ストレッサーが軽減されることで…

ストレッサーが軽減されると，本人の中に少しずつ「大丈夫だった」とか「できた」といった安心と自信が生まれてきます。不登校の専門家である森田直樹氏は著書（不登校は1日3分の働きかけで99％解決する，リバーブル出版，2011）の中で，不登校の解消には，本人の「自信の水」をいかに満たしてあげるかが重要であると述べています。「自分はできる」「自分でも大丈夫」といった自己有能感が育っていくことで自信の水が満たされ，結果的に，耐性がどんどん高まっていきます。以前にはつぶされていたストレッサーにも立ち向かうことができるようになるのです。

教育現場では「自分の耐性を磨き上げ，現在のストレッサーに打ち克つ」ことが一種の美徳とされてきました。それを否定するつもりはありません。実際にストレスに打ち克った事例はたくさんあります。ただ，すべての子どもにとってそれが可能になるわけではありません。また，どんなに耐性が強い子どもでも，はるかに大きなストレッサーに見舞われて，その大きさに打ちのめされて自殺や引きこもりになったケースも知っています。

耐性とストレッサーは，それぞれの力の関係性において様々な症状を生み出します。子どもを取り巻くこの関係性を十分理解・配慮しながら，適切な支援を行いたいものです。

10　面接法のまとめ

①質問（クローズドクエスチョン or オープンクエスチョン）
　「宿題終わったの？」「早く寝なさい」
　「どこか難しいところがあるの？」「何か寝られない理由があるの？」
②受容
　・自分の価値観と相手の価値観は違うというところから
　・受け止められていると実感。理解と共感
　・非言語表現の重要性
③繰り返し
　・相手の言葉や気持ち，状況を投げ返す。
　「あなたは○○と感じているんですね」「そうか，だから嫌だったんだね」
④明確化
　・相手の思いを察知し，先に言葉にする。沈黙にも意味がある。
　「あなたは○○が不満なんですね」「○○をしてほしいと感じているのですね」
⑤支持
　・発言内容を認め，相手に同調する。同調したい気持ちを伝える。
　「Good job !!」「そのとおり」「よく我慢した」「よく頑張った」etc.

　上図は「傾聴の技法」のいくつかをまとめたものです。①質問から⑤支持までの技法については，意識して使わなければ身につきません。「面接法」は「答えは子どもの中にある」と言いました。今まで学んできた「共感」や「自己一致」とともに，是非，この「傾聴の技法」についても，自然に使えるように学びを深めていただきたいと思います。

　それでは，第2節を振り返ってみます。
　第1項では，「理解と共感」について考えました。理解は子どもが課題にチャレンジしているところを横から客観的に把握する視点，共感は子どもと同じ立場，同じ目線に立って一緒に課題を眺める視点と考えることができます。「鳥の目，虫の目」という言い方がありますが，鳥の目のように高い空から対象全体を俯瞰するような視点は理解，虫の目のように同じ立ち位置から対象を見つめる視点が共感であるといえるかもしれません。息子を山に捨てに行ったお母さんのエピソードも紹介しましたが，お母さんの思いを自分ごととしてとらえた時に初めて，理解ではなく共感というものが生まれてくるのだと思います。

　第2項は「三方向のコミュニケーション」を紹介し，KRの重要性について確認しました。大村はま先生の著書からは，教師は子どもたちに「わかりましたか」と問うのではなく，子どもが理解しているかどうかを教師自身が正しく把握していることが重要であることを学びました。まさにKRによるフィードバックの重要性が問われている所以でもあります。

第3項は竹田契一氏が提唱する「インリアルアプローチ」を取り上げ，その中の言語心理学的技法である7つの反応について紹介しました。「①ミラリング，②モニタリング，③パラレル・トーク，④セルフ・トーク，⑤リフレクティング，⑥エキスパンション，⑦モデリング」のどれをとっても，子どもとのかかわりにおいて効果的なアプローチであることを具体的な事例をとおして紹介しました。

第4項は自閉症タイプの子どものストレートな質問に対して，どのように返答するか考えました。本人には全く悪気がないのですが，質問された側にとってはちょっと面食らってしまう事例でした。抽象的な返答をするのではなく，明確な答えを端的に伝えることが有効であることがわかりました。「おばあさん先生」には「教師の苗字」を教えて言い直させる。「80％しか好きではない」には「残り20％は何をすればいいか」を尋ねる。「誰がえらい」については，「それぞれのえらい根拠を伝える」ことで，本人も納得できるのではないかと思います。

第5項は自分を客観的にとらえられず，自分の言動（食べ方が汚い）を棚に上げて，友達を非難する事例を取り上げました。自分を客観的にとらえられないのは，大なり小なり私たちも同じです。こういった場合は，ビデオ等をとおして，合法的に自分を客観視させることが大変有効であることがわかりました。

第6項では「否定質問」を「肯定質問」に，「ユー・メッセージ」を「アイ・メッセージ」に，「過去質問」を「未来質問」に置き換えることで，相手に与える印象が格段に変化することを学びました。これらの質問のスキル

は意識的に学ばない限り身につかないものです。傾聴のスキル等も含めて，是非，意図的に学びを深めていただきたいと思います。

第7項は「ちくちくメッセージ」と「ふわふわメッセージ」の例を挙げて，使い方次第で，子どもの性格や行動にまで変化を及ぼしてしまうことについてお話ししました。また，阿川佐和子さんの例を取り上げて，相手が知らず知らずに話したくなる聞き上手の極意についてご紹介しました。キーワードは「答えは相手の中にある」と「Not Knowing（無知／知らない）の技法」を意識することかと思います。

第8項は「やる気を支える3つの要求」として，「①有能さへの欲求，②自律への欲求，③関係性の欲求」をご紹介しました。その一方で，セルフエスティームといわれる自尊感情の低い子は，自分を発揮できず，どんどん内にこもってしまう可能性があることもわかりました。「人に愛されること，人に褒められること，人の役に立つこと，人に必要とされていること」という視点から支援していくことの大切さも学びました。

第9項は耐性（個人因子）とストレッサー（環境因子）の関係性を具体的な事例から考えてみました。耐性を高めていくためには，まずはストレッサーの軽減を図ること，そうすることで，本人の中に「自信の水」が満たされ，ストレッサーに耐える力がついてくることがわかりました。

次節では，自分も子どもも知らない窓である「検査法」について考えていきます。

1 ジョハリの窓の視点から

ジョハリの窓		（アセスメントの視点では…）	
		自分（教師・支援者）	
		知っている	知らない
相手（子ども）	知っている	A 開放された窓	C 盲点の窓 **（面接法）**
	知らない	B 隠された窓 **（観察法）**	D 未知の窓 **（検査法）**

1 ジョハリの窓

「ジョハリの窓」は，心理学者のジョセフ・ルフト（Joseph Luft）氏とハリー・インガム（Harry Ingham）氏の両名によって1955年に考案された概念で，自己に対する自分と他人の認識のズレを理解するうえで有効なツールです。私は授業はじめのガイダンスの際に，学生に自己紹介をしてもらうことにしているのですが，この「ジョハリの窓」を示して「なぜ，自己紹介をするのか」質問します。学生は「自己開示の必要性」から，「B隠された窓」を自ら開くことで相手も同様に開いてくれ，そこからコミュニケーションが広がっていくことを指摘してくれます。

「C盲点の窓」は，自分は知らないが，相手は知っている窓です。哲学者の市川浩氏は，その著書（「私さがし」と「世界さがし」，岩波書店，1989）の中で，「**自分の顔は私にとって，もっとも遠い闇である**」と述べています。本当の自分というのは，相手しか知らない「C盲点の窓」にあるのかもしれません。「最近，おまえ太ったな」「あなた，意外とケチね」「君の感情は顔に出るからすぐにわかるよ」などと指摘され時，ムッとしたことはありませんか。しかし，その指摘は意外と的を射ており，自分が気づいていないだけなのかもしれません。相手の指摘を素直に受け入れるか，腹を立てるか，どちらを選択するかによって今後の自分の有り様が変わってくるようにも思います。

2 「D 未知の窓（検査法）」

Dの窓は，自分も相手も知らない「未知の窓」です。その情報はどうやって手に入れるのでしょうか。有効な方法の1つが検査です。病院の検査，知能検査，心理検査，身近なところでは学校や塾で実施されるテストなど，目に見えなかった情報が数値化されて外に表され，今まで気づかなかった新たな情報を得ることができます。これが今回扱う「検査法」です。

この「ジョハリの窓」をアセスメントの視点から当てはめてみると，Bの窓は「教師が知っていて子どもが知らない窓」なので「観察法」です。Cの窓は「子どもが知っていて教師が知らない窓」なので「面接法」になり，Dの窓である「検査法」によって，「観察法」や「面接法」で知り得なかった情報が明らかになるのです。

3 フォーマル検査の代表例

この「検査法」の代表的なフォーマル検査としては，WISC-ⅣやKABC-Ⅱ等が有名ですね。各検査の概要については図1と以下の解説を参照ください。

WISC-Ⅳは10の基本検査と5つの補助検査からなり，全検査IQと4つの指標「言語理解」「知覚推理」「ワーキングメモリー」「処理速度」の得点を算出することができます。算出された全検査IQの数値やそれぞれの指標間の数値の差（ディスクレパンシー）をみることで，子どもの認知特性を明らかにすることができます。

KABC-Ⅱは子どもの認知処理能力を「継次処理」「同時処理」「学習能力」「計画能力」

	目的	検査等	調べられる内容（指標，尺度）
第1の波	知的障害の判別	ビネー検査	個人間差（一般知能）
第2の波	個人内差の測定	ウエクスラー等	個人間差，個人内差
第3の波	因子（指標）の導入	WISC-Ⅳ	VCI（言語理解指標） PRI（知覚推理指標） WMI（ワーキングメモリー指標） PSI（処理速度指標）
		KABC-Ⅱ	（ルリアモデル，CHCモデル） 継次，同時，計画，学習 語彙，読み，書き，算数
		DN-CAS等	プランニング，注意（覚醒） 継次処理&同時処理

図1　知能検査の内容

の4つの能力から測定することができます。子どもの得意な認知処理様式を見つけ，指導や教育に生かすことを目的としています。評価にあたっては，特に，カウフマンモデルとCHCモデルという2つの理論モデルから解釈できるのが特徴です。

DN-CASは「プランニング」「注意」「同時処理」「継次処理」の4つの認知機能（PASS）から子どもの発達の様子をとらえることができます。言語的知識や視覚的知識にあまり頼らず，認知活動の状態を評価できるよう工夫されているため，新しい課題に対処する力を見るのに適しています。

フォーマルな検査は，それぞれの理論的背景のもと，子どもの認知の特性を明らかにするための様々な工夫がなされています。しかし，このようなフォーマル検査を実施，解釈するには，それなりの知識や技能，資格が必要で，本書はそれらを詳説することが目的ではありません。そういった方は他の関係書籍を参照いただくとして，ここでは，子どもの日常のテスト等から得られるアセスメント情報を分析することから，具体的な支援につなげていくための方策について考えていきたいと思います。

2 検査法から情報を得ることによって

子どもの学び方（つまずき）を理解・整理し，
より適切な指導ができる。

☆3Kの理論化

◎「なんでわからないの！」➡「どこにつまずきがあるのだろう」
◎「困った子」➡「困っている子」
◎「手のかかる子」➡「手をかけてあげればわかる子」
への意識の転換が図られる！！

☆限定された知能検査だけではなく，様々な検査（テスト）等からも，
子どもの認知の状態を把握することが大切である。

1 子どもの学び方に応じて教える

東京学芸大学の名誉教授で日本LD学会の前理事長でもある上野一彦氏は**「私たちの教え方で学べない子にはその子の学び方で教えよう」**という名言を残されています。子どもの学び方に応じて教えるというのは，簡単そうで実は，大変難しいことです。つまり「子どもの学び方」とはどのような学び方なのかを明らかにしなければならないからです。

「観察法」では子どもの学習の状況から，食いつきのいいもの，悪いもの，鉛筆がスラスラ進むもの，進まないもの等を観察することで，概ね，得意・不得意を把握することができます。「面接法」では，「好きな教科」や「苦手な教科」，どんな状況だとわかりやすいのか，わかりにくいのか等を直接本人に尋ね

ることで，本人の学習状況を把握することができます。しかし，「短期記憶」や「長期記憶」，「継次処理」や「同時処理」，「視覚処理」や「聴覚処理」といった本人の情報処理の傾向を把握するには，観察法や面接法では不十分で，検査法から得られる情報が必須条件となります。

2 認知能力の把握の重要性

「できる，できない」ではなく，「どこにつまずきがあるのか」「何に困っているのか」という本人の認知処理の状態をアセスメントすることで，「未知の窓」が明らかになり，具体的な手だてを講じることができるようになります。弓をいくら射っても，的がなければ当たりません。的が明確になって初めて，

的をめがけて矢を射ることができるのです。

3 カウフマン語録

　私が研修会等で知能検査の話をする時，まずはじめに，K-ABC初級講習会のテキストにあったカウフマン語録（図2）を参会者に紹介することにしています。

> 「知能テストは，子供の学力を予想し安楽椅子に座って，その予想が当たるのを待つためにあるのではない。知能テストは，テストの結果得られた情報（知能特性・得意な学習方法・一度に記憶できる学習量など）を基に子供を教育し，テストの予想（例：この子は，算数の試験で落第点を取るだろう）をくつがえすためにある」（kill the prediction）「知能テストは単なる武器であり，それを "賢く使って"（Intelligent testing）子供を正しく理解するのは，サイコロジストや教育者の責任である」　　　　　　　　　　　　　　　Kaufman. A. S.

図2　カウフマン語録

　このカウフマンの視点は，先述の「その子の学び方で教えよう」という理念に合致します。これからの教育は，「教師の教え方で子どもが学ぶ」という従来の発想ではなく，子どもの学び方をアセスメントして，その学び方に応じた適切な指導が求められているのです。

4 継次処理タイプと同時処理タイプ

　図3は模倣課題で，上の図形を三角形のパーツを使って同じように作る課題です。作成されたものを見ると，確かにパーツは6個使われていますが，パーツはただ横に並べられただけで，全く形にはなっていません。でも，本児はこれが完成形だと言い張ります。本児はこの図形をどのように認知しているのでしょうか。

　よく見ると，上の図形を参考に，パーツを

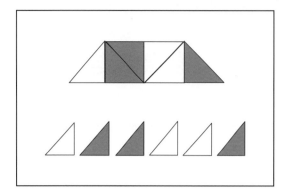

図3　模倣課題

左から右に順番に並べていることがわかります。お気づきかと思いますが，彼は継次処理に従って作業を進めており，検査からも，継次型指導方略が有効であることが示唆されました。

　一方，同時処理タイプの子どもは，一連のストーリーを順番に想起・記述していく作文等の作業は得意ではありません。このタイプの子どもには，最初に取材集めをし，書きたいことを関連づけて，全体が見えるように図示（概念地図とかイメージマップといいます）することが有効です（図4）。それぞれの出来事がキーワードとして関連づけられることで，概念地図を頼りにしながら，継次的な作業である作文にも安心して取り組むことができるのです。

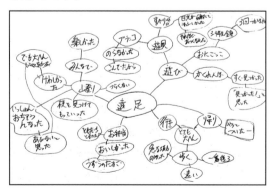

図4　概念地図

3 継次処理と同時処理のお話

何が問題…?

①小学2年生のダイサクは「漢字を部分と全体から理解することが得意で,書き順が苦手」
　サトウ先生は「書道が得意で,書き順を重視した漢字指導をする」
チーム援助入門(石隈利紀・田村節子,図書文化社,2003)

②学習発表会の配役を決める際の手順
　・主役の希望者を募り,実演をさせてクラスの投票で決定!!
　・残った者から脇役Aの希望者を募り実演をさせて投票,決定!!
　・次に,脇役Bの希望者を募り投票,決定!!…
といった順番で最後まで配役を決めていく。

---

1 PASS モデル

　図5は「PASS モデル」といわれているものです。情報の入力から出力までを,「注意(Attention)」「符号化(Coding)」「計画(Planning)」という3つの機能を使って認知の心理過程を説明したものです。特に「符号化」については,「継次処理」と「同時処理」という2種類の情報処理様式があり,どちらの傾向が強いか検査によって明らかにすることもできます。

　それが明らかになることで,「どのように教えたらいいのか」という手がかりが見つかり,それぞれの情報処理様式に対応した指導が展開できます。具体的な指導内容・方法については,良書『長所活用型指導で子どもが変わる』(藤田和弘他編著,図書文化社,

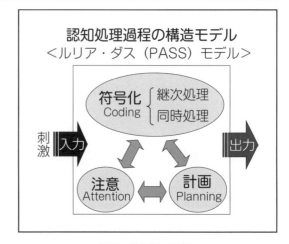

図5　PASS モデル

1998)とその続編を参照いただくとして,ここでは2つの情報処理様式の特性が,実際の学習場面でどのような問題を引き起こすのか,具体的に考えてみたいと思います。

2 認知処理からみる漢字指導のズレ

冒頭の事例①は、「漢字を部分と全体から理解することが得意で、書き順が苦手」な小学2年生のダイサク君のケースです。ダイサク君は「同時処理」が得意な子と考えられます。一方、サトウ先生は「書き順を重視した漢字指導をする」ということですから、明らかに「継次処理」タイプの先生です。

さて、サトウ先生はダイサク君に継次処理による漢字指導を行いますが、同時処理が得意なダイサク君にとっては苦手な作業となり、課題もうまく進みません。一方、サトウ先生はそのことに気づいておらず、一生懸命指導しているのに成果が上がらず、「なんでできない」と叱責することになっていきます。これはどちらにとっても悲劇です。少なくとも、ダイサク君が同時処理タイプであることを知っていて、同時処理タイプの子どもに対する漢字指導の方略がわかっていれば、このような悲劇は生まれなかったはずです。

3 継次処理的な配役決め

事例②は、学習発表会の配役を決めている場面です。子どもたちにとって主役の座を射止めることは、本人にとっても家族にとっても大変重要な案件であり、教師にとっても力が入ります。ところがイメージしてください。主役の座を射止めた子どもはともかく、投票に落ちた子は2回目の配役にもチャレンジします。そしてそれにも選ばれなかった子は、3度目、4度目とチャレンジしていくのです。結局、選ばれなかった子は、最後に残った配役に落ち着いてしまうのです。先生は継次処理タイプの方なのでしょうか。

4 同時処理的な配役決め

それでは、同時処理的に配役を決めるとしたらどんな感じになるのでしょう。私なら、まず劇に登場する配役のすべてを一通り子どもたちに紹介します。

「北風と太陽」なら「北風や太陽と対峙する旅人の表情や動作の工夫」、「旅人のオーバーをはがそうとする凄まじいほどの力をもった北風」、「思わずオーバーを脱いでしまいたくなるようなやわらかい、暖かい太陽の光」、「北風や太陽のエネルギーを受け止めながら、感受性豊かに表現する木々や落ち葉たち」といった情景をイメージさせながら、子どもたちがどんな役になりたいか考えてもらいます。主役から順番ではなく、まずは、なりたい配役に立候補する。人数が余って落ちてしまう子もいるかもしれませんが、こちらのほうがずっといいですよね。

そして、一人ひとりがそれぞれの配役になりきり、全員が一生懸命演技することで、初めて素晴らしい劇になるということを子どもたちに伝えていきたいと思います。

5 教師の指導方略と子どもの学習方略

『長所活用型指導』の編著者・藤田和弘氏はその「まえがき」で、「ともすると指導者は、自分が習得した『指導方略』を子どもに適用しようとするあまり、画一的な方法で子どもの指導にあたりがちである。そうではなく、指導者は、子どもの『学習方略』に合致するように、自らの『指導方略』を工夫しなければならない」と指摘しています。継次処理と同時処理の特性を知り、上手に活用すれば、指導の幅は一層広がるものと思います。

4 学習指導要領からみる認知的配慮事項

各教科等における障害に応じた配慮事項について（検討例）
教育課程部会特別支援教育部（第3回資料4-2）2015

（小学校学習指導要領解説）
　総則編における障害種の特性に関する記述に加え，各教科等編において
学習の過程で考えられる**困難さ**ごとに示す。

【困難さの例】

情報入力	情報のイメージ化	情報統合	情報処理	表出・表現
・見えにくい ・聞こえにくい ・触れられない ・その他	・体験が不足 ・語彙が少ない ・その他	・色（・形・大きさ）の区別が困難 ・聞いたことを記憶することが困難 ・位置，時間を把握することが困難 ・その他	・短期記憶[※1]，継次処理[※2]が困難 ・注意をコントロールできない ・その他	・話すこと，書くことが困難 ・表情や動作が困難 ・その他

※1：一度見たり聞いたりして短い時間の間憶えること
※2：1つ1つ順々に問題を処理していくこと

---

1 学習指導要領から見る認知処理

　図は，新学習指導要領作成に向けて検討された教育課程部会特別支援教育部の資料の一部です。これを見ると一目瞭然。新しい解説では，障害特性に加え，学習過程で予想される困難さを教科ごとに示すよう指摘しています。また，学習につまずきのある子どもの配慮事項として，「情報入力」「情報のイメージ化」「情報統合」「情報処理」といった情報処理の視点から学習をとらえていることがわかります。因みに，今までの学習指導要領の解説（図6）と比較すると，その違いは明らかですよね。3Kの理論化ではありませんが，新しい学習指導要領では，子どもの学び方（認知処理）を意識した学習指導が求められているのです。

【これまでの示し方】

【小学校学習指導要領総則】
　個々の児童の障害の状態等に応じた指導内容や指導方法の工夫を計画的，組織的に行うこと。

（小学校学習指導要領解説）総則編の配慮の例を示す。
弱視：体育科におけるボール運動の指導，理科等における観察・実験の指導
難聴や言語障害：国語科における音読の指導，音楽科における歌唱の指導
肢体不自由：体育科における実技の指導，家庭科における実習
LD（学習障害）：国語科における書き取り，算数科における筆算や暗算の指導
ADHD（注意欠陥多動性障害），自閉症：話して伝えるだけでなく，メモや絵などを付加する指導など

図6　これまでの示し方

2 小学校国語科における配慮事項

　図7は小学校の国語科における配慮事項です。子どもの困難さを具体的に示し，認知的な視点からピンポイントで配慮事項や手立てが示されています。

（小学校国語科の例）

【困難さの状態】
　文章を目で追いながら音読することが困難（視覚言語理解など）
【配慮の意図】
　自分がどこを読むのかが分かるよう，教科書の文を指で押さえながら読むよう促したり，行間を空けるための拡大コピーをしたり，語のまとまりや区切りが分かるように分かち書きをしたり，読む部分だけが見える自助具（スリット等）を活用したりするなどの配慮をする。

【困難さの状態】
　考えをまとめたり，文章の内容と自分の経験とを結び付けたりすることが困難
【手立て：見えにくさに応じた情報保障】
　児童がどのように考えればよいのかわかるように，考える項目や手順を示したプリントを準備したり，一度音声で表現させたり，実際にその場面を演じさせたりしてから書かせたりするなどの配慮をする。

図7　小学校国語科の例

　「目がチカチカする」とか「行を飛ばしてしまう」等の読みのつまずきについて，熊谷恵子氏は，その著書（アーレンシンドローム　光に鋭敏なために生きづらい子どもたち，幻冬舎，2018）の中で，その症例（アーレンシンドローム）について具体的に紹介しています。

　また，学会や論文等でもそういった子どもの自助具として，「サングラス」「カラーシート」「カラーバー・ルーペ」等の有効性について，報告されています。

3　小学校算数科における配慮事項

（小学校算数科の例）

【困難さの状態】
　同系色の方眼紙の目盛りが読み取りにくい場合（視知覚・位置など）
【配慮事項】
　正しい位置に印が付けやすいように，罫線の色を変更したり，マス目を大きくしたり，マーカーの色を変更したりするなどの配慮をする。

【困難さの状態】
　四則の混合した式や（　）を用いた式について理解し，正しく計算することが難しい場合（継次処理など）
【配慮事項】
　計算の順番を示した手順書を手元に置かせたり，式を分解してそれぞれを計算させ，混合式との比較をさせるなどの工夫を行う。

図8　小学校算数科の例

　図8は小学校算数科における困難さの具体例やそのための配慮事項が示されています。

　国語の例でも紹介しましたが，視知覚に困りのある子どもの報告が学会等でもずいぶん増えています。自分の視知覚に問題があっても，みんなも自分と同じだと思って訴えない子どもが多いのです。現代の脳科学の進歩によって，症状の発見と治療が急速に進んでいます。指導する側がこれらの症状にいち早く気づき，早期に対応することで子どもの困りは激減します。効率的な学習を支援する「ビジョントレーニング」等にかかわる書籍も数多く出版されています。

4　小学校体育科における配慮事項

（小学校体育科の例）

【困難さの状態】
　複雑な動きをしたり，バランスを取ったりすることに困難がある（前庭覚，継次処理，身振りなど）
【配慮事項】
　極度の不器用さや動きを組み立てることに苦手さがあることが考えられることから，動きを細分化して指導したり，適切に動きを補助しながら行うなどの配慮をする。

【困難さの状態】
　勝ち負けにこだわったり，負けた際に感情を抑えられなかったりする
【配慮事項】
　活動の見通しが持てなかったり，考えたことや思ったことをすぐ行動に移してしまったりすることがあることから，活動の見通しを立ててから活動させたり，勝った時や負けた時の表現の仕方を事前に確認したりするなどの配慮をする。

図9　小学校体育科の例

　図9は体育科の例です。勝ち負けにこだわったり，感情が抑えられなかったりするケースは体育科に限らず少なくありません。最近では，怒りをコントロールする「アンガーマネジメント」に関する書籍も数多く出されています。怒りのコントロールのキーワードは「言語化（見える化）」と「見通し」です。配慮事項にもあるように，予想される事態が起こる前に予行演習をしておくこと，それを言語化して意識させることが有効な方法となります。

5 事例1 応用問題の理解

---

1 計算をしましょう。

① $400 - (150 + 60)$
$= 400 - 210$
$= 190$

② $280 \div (28 + 12)$
$= 280 \div 40$
$= 78$

③ $5 + 12 \times 4 = 5 + 48$
$= 53$

④ $60 - 40 \div 5 = 60 - 8$
$= 52$

2 1つの式に表して、答えを求めしましょう。

① 140cmのリボンから、15cmのリボンを4本切り取ります。残りは何cmですか。

$(140 - 15) + 4 = 29$

答え（ 29cm ）

② 1こ80円のりんご4こと、1本120円の牛にゅうを4本買いました。代金は何円ですか。

$(80 + 4) + 120 = 204$

答え（ 204円 ）

上の図は小学校4年生の「計算のきまり」から出題されたある児童のテスト結果です。この資料は，当該児童の誤答の傾向をそのまま反映させながら，問題の数値のみを変えて新たに作成したものです。プリント左側の筆算問題では，問②のみ1桁多い解答ミスがありますが，四則計算，カッコの扱い，演算記号による計算の順番等，計算のきまりについては正しく理解できていると判断できます。

1 応用問題の困難さ

ところが，プリントの右側の応用問題については全く理解できていません。筆算はある意味，機械的処理なので，計算のきまりが理解されていれば，それほど難しい作業ではありません。しかし応用問題は，立式の前に問

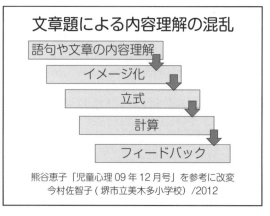

文章題による内容理解の混乱

語句や文章の内容理解
↓
イメージ化
↓
立式
↓
計算
↓
フィードバック

熊谷恵子「児童心理09年12月号」を参考に改変
今村佐智子(堺市立美木多小学校) /2012

図10　文章題による内容理解の混乱

題の内容を理解し，立式のスタイルがイメージできて初めて式が立てられるので，大変複雑なものになります（図10）。

今回のケースのように，応用問題でつまずく子どもは少なくありません。それでは，具体的な手立てを考えていきましょう。

<手続き1> 問題の簡略化

> イメージ化しやすいように，問題を簡略化する。

　当該児童は，筆算には問題がないので，立式さえできれば答えを出すことができます。ところが，応用問題では問題のイメージがつかめなかったため，どのように立式してよいかわかっていません。ですから，まずは問題の内容がイメージできることを目標に，暗算でも答えが出せるよう問題を簡略化します。

<修正した問題>

> 100cm のリボンから，10cm のリボンを4本切り取ります。残りは何cmですか。

　どうですか。最初の問題から数値を単純化させただけなのですが，これならできそうですね。もちろん，当該児童も暗算であっさり60cmと答えることができました。なぜでしょう。おそらくこの手の課題は日常的に経験しているので，イメージ化できるのですね。算数の問題ではなく日常の算数的課題というところでしょうか。さて，イメージ化できたところで，次のステップの立式に進んでいきましょう。

<手続き2> イメージ化から立式へ

> 10cm のリボンが4本で何 cm ですか。どのように計算しますか。

　10cmのリボンが4本で40cmになることは暗算でできますね。問題は計算式です。「10＋10＋10＋10＝40」でもいいですが，当該児童は4年生なので，「10×4＝40」は理解できています。問題はここからです。

　ここで理解できた基礎的・基本的な習得事項を最初にお見せした問題にどうやって般化させていくかです。そのための手立てとして，私は以下のように進めました。

<手続き3> 般化

> ①それでは10cm のリボンが6本だったらどうやって計算するの。
> ②じゃあ，15cm のリボンが6本は？
> ③もっと難しくするよ。55cm のリボンが10本だったら？

　次のステップは般化です。いわゆる日常の算数的課題を抽象的な算数問題にステップアップさせる作業です。

　ポイントは「1つ分の数量×いくつ分」が理解できることです。①は先ほどの問題「10×4」の応用編なので「10×6（10の6つ分）」はすぐにできますね。次は，それのバリエーションですが，やり方や考え方は同じ。つまり，1つ分の数量が15cmで，それが6つ分なので「15×6」とできるはずです。かけざんの意味と立式がつながれば，あとは簡単。③の問題を出したら，当該児童は迷うことなく「55×10」と立式して，＜550＞と答えてくれました。

2　学習を終えて

　当該児童との勉強は約1時間くらいでしたが，勉強の最後に最初の2題の応用問題を出したらあっさりクリアしました。できたことへの満足感はもとより，今までできなかった問題に挑戦する自信に満ちた当該児童の表情を見て，改めて教育の重要性を痛感したところです。

6 事例2 誤答分析

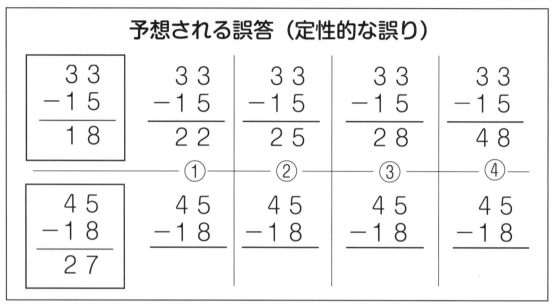

予想される誤答（定性的な誤り）

図は繰り下がりのあるひきざんの筆算例です。上の問題「33−15」の正解は＜18＞ですが，①〜④までの解答はすべて違っています。なぜこのような答えが導き出されたのか分析することを「誤答分析」といいます。

1 誤答分析

①の解答は＜22＞です。子どもがどのような認識で＜22＞としたのか，ちょっと推測してみてください。一般的には，

①「大きい方から小さい方を引いた」

ということでしょうか。

②はどうでしょう。上の段から下の段が引けない時はどのように指導しますか。上から下が引けない時は「隣（上の位）から借りてくる」と教えていると思います。それを忠実

に守った子どもは，10の位の＜3＞から＜10＞を借りてきて，

②1の位で「10−5」と計算

そして，「できた！」とばかりに1の位の＜3＞を忘れて，そのまま＜5＞を下ろしてしまった」ケースです。

それでは③のケース。これも手順は②と同じ。このケースは，「10−5」を計算した後に，もともと1の位にあった＜3＞をたして，1の位に正しく＜8＞を下ろしています。ところが，10の位のひきざんの際に，先ほど1の位に貸した＜10＞を忘れて，

③10の位の＜3＞をそのままにして

「3−1」としてしまったケースです。

④はどうでしょう。ちょっと今までとは違ったパターンですね。そうです。

④「−」の演算記号を「＋」と勘違い
したケースです。

2 誤答分析を推論する

　4つの誤答を分析してきました。誤答分析
が正しいかどうかは本人に確認しなければわ
かりませんが，この推論が正しいかどうか検
証するためには，同じ種類の問題を同じ子ど
もにやってもらうのが一番です。もし，誤答
分析の推論結果が正しければ，子どもは別の
問題でも，まったく同じように間違ってくれ
ます。そうすることで，間違いの原因が明確
になり，次の指導の手立ても見えてきます。
検査法の良さはここにあります。

3 推論結果の検証

　それでは，次に，図の下の問題「45−18」
を考えてみましょう。正解はもちろん＜27＞
ですが，皆さんは最初の問題で推論した誤答
分析の結果に基づいて，この問題についても
すべて違った答えを導き出してください。
（チャレンジ・タイム 5分）

　いかがでしょうか。できましたか。それで
は，誤答分析から導き出された正しい誤答
（？）を①から順番に考えていきましょう。

　①は大きい方から小さい方を引くわけです
から，答えは＜33＞になりますね。

　②は隣の位から＜10＞を借りてきて，その
まま引いて下すので，答えは＜32＞です。

　③は1位数の計算は正しくできます。しか
し，10の位から＜1＞を引き忘れて，＜4＞
のまま計算したので，答えは＜37＞です。

　最後の④ですが，これはたしざんで計算し
たので，答えは＜63＞です。繰り上がりの計

算をしなかった場合を想定すると＜53＞とい
う誤答も推測できるかもしれません。

4 誤答分析の有効性

　いかがでしたか。誤答分析の根拠（エビデ
ンス）が示されれば，すべての教員が子ども
たちの誤答を予想できるのです。正答か誤答
かのチェックではなく，なぜこの子はこのよ
うな誤答をしたのかを分析することで，次の
手立てが明確になるのです。テストプリント
に〇×をつけて，〇の配点から単純に総合得
点をつける。こんな従来の評価ではなく，「彼
はなぜ間違ったのか」を明らかにすることが，
これからの学習指導の本質的な課題になるも
のと思います。

5 「借りる」と「引越し」の違い

　最後に，興味深いエピソードを紹介します。
上から下が引けない時，私は「隣（上の位）
から借りてくる」という表現を使いました。
とある研修会でも何のためらいもなくそのよ
うに発したところ，ある教師から「先生，＜
借りる＞ではなく，＜引越しする＞と言わな
ければならない」と指摘されました。その時
私は，彼の主張が理解できず，「どちらでも
いいではないか」と腹の中で思っていました。
しかしその後，「眼から鱗となる」事態に遭
遇したのです。アスペルガーの診断を受けた
子どもに，まさにこの指導をしていた時，彼
は突然私にこう言ったのです。「先生，（1の
位に貸してあげた）＜10＞はいつ返してくれ
るの…？」この発言を聞いて，私は初めて「引
越しする」という意味を理解しました。

　指摘いただいた先生に心から感謝！！

7 事例3 減加法と減減法

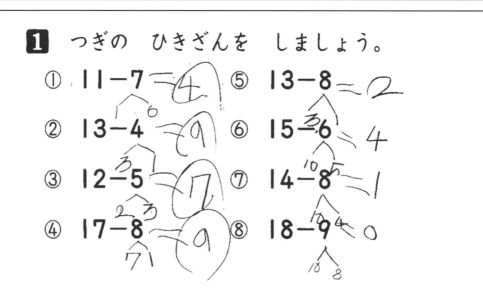

1 減加法と減減法

　上の図は「くり下がりのあるひきざん」の解答例です。左側の①〜④まではすべて正解ですが，なぜか⑤〜⑧はすべて間違っています。⑤〜⑧までの問題は，いわゆる減加法なので，本来「さくらんぼ」の位置は「引かれる数（被減数）」から出るはずですが図では，すべて「引く数（減数）」から出ています。

　減加法と減減法の「さくらんぼ計算」の仕方を以下に示します。

　減加法の「さくらんぼ計算」は，引かれる数（被減数）に着目し，＜10＞とあといくつ（この場合は＜3＞）に分解してさくらんぼを書きます（図11）。あとは＜10＞から＜8＞を引いて＜2＞，＜2＞に残りの＜3＞をたして答えは＜5＞となります。計算の手順

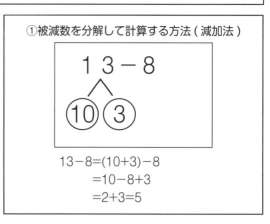

①被減数を分解して計算する方法（減加法）

13−8＝(10+3)−8
　　　＝10−8+3
　　　＝2+3＝5

図11　減加法

が，最初に引いて次にたすので減加法といいます。

　減減法は字のとおり，最初に引いて次も引くので減減法と言われています（図12）。減減法は引かれる数（被減数）の1位数（この場合は＜1＞）に着目して，引く数（減数）

②減数を分解して計算する方法（減々法）

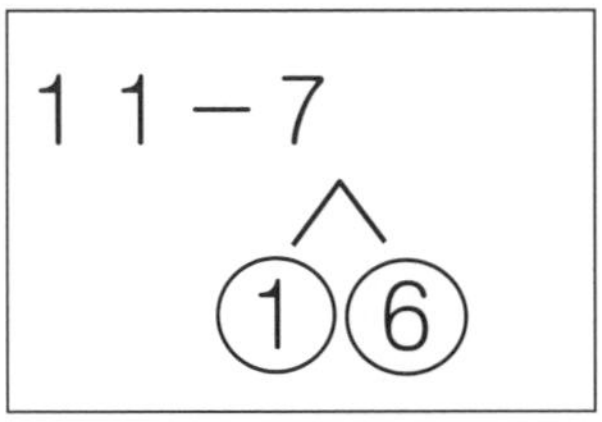

$$11-7$$

①　⑥

$$11-7=11-(1+6)$$
$$=11-1-6$$
$$=10-6=4$$

図12　減減法

から＜１＞とあといくつ（この場合は＜６＞）に分解してさくらんぼを書きます。引かれる数（被減数）をすべて＜10＞にするための操作です。その結果，引かれる数の＜11＞から＜１＞を引いて＜10＞となり，残りの数（この場合は＜６＞）を引いて＜４＞の答えが導かれます。

2　誤答分析

　それでは実際のプリントの解答を見てみましょう。左側の問題（①〜④）は減減法を使っています。引かれる数（被減数）の１位数（①は１，②は３，③は２，④は７）に着目して，引く数（減数）によるさくらんぼ計算が正しくできており，すべて正解です。

　右側の⑤の問題では，引く数（減数）の＜８＞を＜３＞と＜１＞に分解しています。そもそも，さくらんぼ計算自体が間違っていますが，＜３＞が出てきたのは，先ほどの減減法のやり方が頭に残っており，引かれる数（被減数）の１位数（この場合は＜３＞）に着目した可能性があります。その根拠は答えが＜２＞となっていることです。つまり，減減法で「10－8」を計算したのではないかと考え

るからです。

　⑥〜⑧の問題は，さくらんぼ計算は正しくできているのですが，さくらんぼの位置が本来は引かれる数（被減数）の下に置かれるはずなのに，すべて引く数（減数）の下に置かれています。これでは正しく計算できません。因みに，⑥は先ほどの⑤と同じ手法で「10－6」を計算して＜４＞としたのかもしれません。⑦⑧については推測できません。

3　子どものつまずきから学ぶ

　誤答分析をすることによって，当該児童は減加法の計算方法がまだ理解できていないことがわかりました。

　さらに，このプリントから何か気がつくことはありませんか。左側と右側で計算方法を変えているのです。おそらく担任は左側を減減法，右側を減加法でやるように指示したのでしょう。もし担任が指示しなければ，当該児童は全ての問題を減減法でやり，全問正解できたものと思います。実は，彼にはアスペルガーの診断があります。１枚のプリントの左側と右側とでやり方を変えることは非常に混乱を招きます。しかも彼は，減加法に対して「ひきざんなのになぜたすの？」と私に聞いてきました。私たちにとっては何気ないことでも，このように混乱してしまう子どもたちは少なくないのです。

　減加法は位取りの概念を定着させるのに有効な方法です。当該児童は未だ減加法が理解できていないのですから，定着を図るために丁寧な取り出し指導が必要です。そこに気づいて手当てをしていくことが，本来の教育の使命であると考えます。

8 事例4 視覚処理の問題

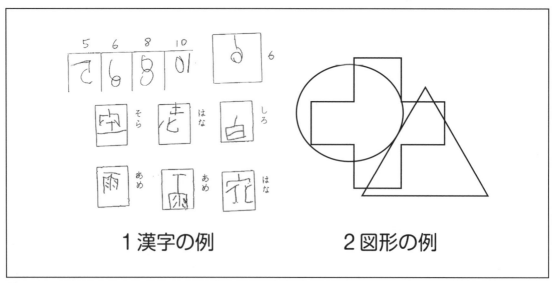

１漢字の例　　　　　　　２図形の例

1 視覚認知の問題

　上の図の１は複数の子どもが書いた漢字を集めたものです。上段は，数字が鏡文字になっているもので，左利きの子によくみられます。中段の「空」は「うかんむり」の真ん中が切れており，「花」は「くさかんむり」が縦になっています。下段の「雨」はふたつとも形のバランスが悪く，本来，一本で書く線が分かれています。最後の「花」は「くさかんむり」ではなく，「うかんむり」になっています。

　図の２は，図形を模写する課題で，研修会等で参会者に取り組んでもらっています。

　作業が終わったあと，私は会場のどなたかを指名して，以下のようなやりとりをします。

　「この図は，いくつの図形に分かれていますか？」「３つです」「それはどんな図形です

か。」「まると十字と三角です」

　私はレーザーポインタでそれぞれの図形を指し示しながら確認します。そして，最後に，「３つの図形にならなかった方は，あとで私が教育相談をします！！」

　いつもはここで＜爆笑！！＞となるのですが，実は笑えないことが起こることもあります。この図形が本当に３つに見えない方がいるのです。

2 交わる線を区別する工夫

　以前，私が教育相談をした子どもの中にも同様の傾向を示す子どもがいました。相談室では，先ほどの図形を蛍光ペン等でなぞってもらうのですが，明らかにこの図が３つの図形としてとらえられていないのです。こういう状況であれば，ひらがなや漢字を書き写す

ことにも困難を示します。たとえば平仮名の「わ」は２画で書ける文字ですが，真ん中の縦線を書いた後，左側と右側の線がつながらず，別々に書いてしまうのです。指導としては，以下のように，交わった線が視覚的に区別できるように配慮することが有効です。

【具体的な指導の手立て】
①１画１画の線の色を変える
②１画１画の線の太さを変える

３ 自動化と意味刺激による工夫

図13は「ベツ」と「レン」という漢字です。これは私がLD体験用として研修会等で実施する課題の１つです。最初に私はフロアに対してこのように発言します。

「それでは，これから漢字をお見せしますので，できるだけ早く書いてください。所用時間は30秒です。書けた人は静かに手をあげてください。それでは始めます」といって「①ベツ」の漢字を見せます。当然，フロアからは「えーっ？」といった声があがります。作業が終わった頃合いを見て，「それでは，今と同じように次の漢字もできる早く書いてください」と言って，「②レン」の漢字をスクリーンに映し出します。ここでは安堵の声。この漢字は５秒くらいであっという間に書き終えます。全員が終了したところで，「どちらが早く書けましたか？」と尋ねます。会場からは「レン」の声。「それはなぜですか？」の問いに，「知っている漢字の集まりだから…」ということになります。

ところが，「ベツ」は28画，「レン」は29画ですから，画数を刺激の単位とすると「レン」

①ベツ（28画）　　②レン（29画）

図13 「ベツ」と「レン」

のほうが刺激は多いはずです。それなのに，なぜ「レン」は簡単に書けるのでしょうか。まさに「自動化」の仕業です。29画の「レン」は「イト，イト，ゲン，イト，ココロ」という５つの刺激に集約されます。この刺激はすでに長期記憶の辞書に保存されているので，あとは引っ張り出すだけでOKです。顔を何度も上げずに書けるのもそのためです。「ベツ」はこうはいきません。

漢字をパーツの組み合わせで覚えたり，意味刺激に置き換えて覚えたりすることで，漢字の学習が抵抗なく進むケースは，多くの論文等でも指摘されています。

最後に，漢字を意味刺激に置き換える例をご紹介して本項を終わりにします。

無意味刺激から意味刺激へ
親　木の上に立って（お前を）見ている
鼻　自分の田んぼにはな毛がボウボウ
帽　お日様は目の上

9　見える化のススメ

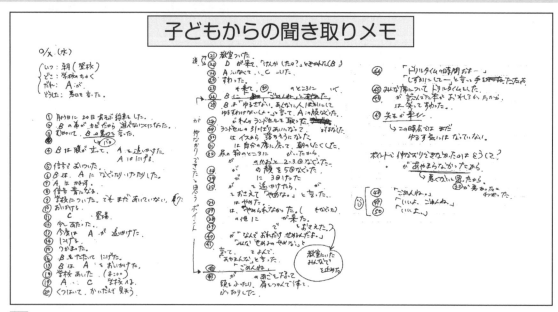

子どもからの聞き取りメモ

1　登校時のできごと

　図はある新卒の先生が私に見せてくれたノートの一部です。B君が，弟が風邪をひいたので，放課後に遊べなくなったと登校時にA君に伝えたところ，A君は約束を破ったと怒りだし，殴り合いの喧嘩になってしまいました。先生はその一部始終をA君から聞き取り，丁寧にノートに記録しています。図の文字は小さくて見づらいですが，先生とA君との会話は50回ほど繰り返されています。先生はこのメモを見せ，これで良かったのか私に尋ねたので，私は，先生の対応が大変素晴らしいものであったとお伝えしました。

2　見える化のススメ

　先生が意識されたかどうかはわかりません

が，これはまさに状況の「見える化」で，情報を整理する1つのテクニックです。先生が丁寧にメモをとり，時系列に番号を振って状況を整理してくれたことで，A君にとっては，これまでの状況が見える化(フィードバック)され，結果的に，お友達にも謝ることができたということです。

　もう1つ，見える化の例をご紹介します。
　アスペルガーの診断を受けた自閉症の高校生が，今まで続けていたお母さんとの会話をある日突然中断し，1年近くすべて筆談で行うようになりました。彼が言うには，音声による会話は消えてしまうというのです。会話が少しでも長くなると，何を言っているのかわからなくなり，返答もできなくなるということのようです。これに対して，筆談だと文

字はいつまでも残るし，振り返ることもできるので，安心して会話が続くというのです。自閉タイプの人は，一般的に，聴覚刺激より視覚刺激のほうが記憶に残りやすい傾向があるといわれています。彼が筆談に変更したのは，まさに苦肉の策だったのだと思います。

3 「コミック・ストーリー」の活用

読売新聞（2007年6月19日）に取り上げられたエピソードを紹介します。

アスペルガー症候群と診断されたA君の担任がトラブル解決で駆使したのは「コミック・ストーリー」という手法です。4コマ漫画の枠だけを印刷した紙束を，担任はいつもポケットに入れていたそうです。

ある時，先ほどの事例同様，放課後に級友と遊ぶ約束をしていたA君は，用事ができて遊べなくなった級友に対して，「うそつき！お前なんか死んじゃえ」と級友の頭髪をつかんで喧嘩になりました。先生はすかさず先ほどの紙片と鉛筆を取り出し，棒人形でA君と級友を描き，吹き出しをつけます。

【1コマ目】2人が「きょう遊ぼうね」
【2コマ目】級友が「あ，お母さんと出かけるんだった」
【3コマ目】級友が「きょう遊べない」 男児が「おまえなんか死んじゃえ」
【4コマ目】級友が「え？ぼく遊べないのにどうしよう」

時系列を追って事実関係を描いて男児に説明したところ，男児は「なんだ，用事があるんだ」と拍子抜けするほどあっさり納得し，級友に謝ったということです。

4 バイキンマンを追い出せ！！

自閉症タイプの年長幼児のB君。なぜだかわかりませんが激しく興奮し，プレイ室にあるおもちゃを投げたり，蹴飛ばしたり，まるで怪獣のようです。すかさず担任の先生。「あ～～，たいへん！！　B君のお腹のなかにバイキンマンがウジャウジャいて，みんな暴れてるぞ！！」B君はしばし体を止めて，先生の顔をのぞきこみます。「先生と一緒にバイキンマンを退治しよう！！」とB君の気持ちをそちらシフトさせ，「それじゃあ，先生と一緒に10数えるよ」「いーち，にー，さーん，…」と数えていきます。途中で先生は，「あ，バイキンマンが逃げていくぞ！！」と叫んで，再び「ごー，ろーく，…」と続けていくと，あら不思議。B君の顔がすっかり落ち着いています。

心のイライラをバイキンマンに見立て，それを取り払う手立ても完璧。さすが幼稚園の先生ですね。

5 ADHDの見える化

図14は，私の授業の中で行うADHDを理解する際のワークショップの一例です。紙面の関係で解説はできませんが，参考にしてみて下さい。

【ADHDを見える化すると…】
問1）自分が「多動・不注意・衝動的」になった状態とは，どのような状態か。自分の経験からイメージしてください。
問2）それでは，非常に「落ち着いている・集中している」状態とはどのような状態か。自分の経験から，イメージしてください。
問3）「多動・不注意・衝動的」な状態と「落ち着いている・集中している」状態とでは，何が違っているのでしょうか。 その際のキーワードとは，どんなものですか

図14　ADHDの見える化

10 検査法のまとめ

あなたはどちらのタイプ…？

	A	B
①	読みかけの本が3冊以上ある。	1冊の本が読み終わらないと次の本には手を出さない。
②	洋服等にはそれほどこだわりがなく，どちらかといえば，着られればいい。	どちらかといえば，気に入った洋服（ブランド）しか着ない。
③	家事の最中，別の仕事が気になってどんどん他の仕事が増えてしまう。	家事には自分なりの手順があり手順通り作業を進める。
④	本が本棚に無造作に並べられていても気にならない。	本が本棚に整然と並んでいないと気になり，すぐ直してしまう。
⑤	何もしないでボーッとしていることは苦痛でない。	何かをしていないと気が済まないので，やることを見つけるようにしている。
⑥	コーヒーを入れて飲む時，豆の量は適当に入れる。	コーヒーを入れて飲む時，豆は計量カップできちんと量る。

	C	D
①	本の斜め読みは苦手。言葉や文意をしっかり捉えながら読む。	本の斜め読みが得意。あらすじや文意を大まかにつかみながら読む。
②	手紙は出だしがうまくいかないと，後に続かない。	文意が多少通らなくても，おおよその体裁を整えた後で書き直す。
③	話は最初から順番に話さないと相手に伝わらないと思う。	話はまずは結論から言い，経緯や細かいことは，あとから説明したほうがいいと思う。
④	新しく購入した電化製品等は取扱説明書を見ながら，順番に添って作業を進める。	新しく購入した電化製品等は取扱説明書を見ないで，さっさと作業を進めてしまう。
⑤	人に道案内をする時，道順や標識を順番に示して教える。	人に道案内をする時，地図を描くか，全体的な位置関係を示して教える。

≪参考≫デキる「特別支援教育コーディネーター」になるための30レッスン＆ワークショップ事例集（小野寺ほか，明治図書，2014）

　上の図は，それぞれの認知をタイプ別に「AまたはB」「CまたはD」として表したものです。あくまでもイメージですので，あまり気にせず自分はどちらのタイプか考えてみてください。

　＜A＞のタイプは細かいことにはあまり気を使わず，流れに身を委ねるといった感じでしょうか。一方で，＜B＞は几帳面でやや神経質，身の周りのことを自分でコントロールすることで安心するタイプですね。一般的には＜A＞がADHDタイプ，＜B＞が自閉症タイプと考えられます。

　それでは＜C＞と＜D＞はどうでしょう。＜C＞は継次処理タイプ，＜D＞は同時処理タイプです。もちろん，どちらのタイプにも

当てはまらない人がいると思いますが，ここで大切なのは，全く真逆のタイプの人が世の中に存在するということです。だから悲劇も生まれるし，逆に，真逆のタイプの人が存在するからこそ，ものごとがうまくいくともいえます。学級でも会社でも異質なものが混じり合ってこそ組織は強固になります。

　さて，本節は「検査法」を扱いました。「検査法」はジョハリの窓でいう「未知の窓」で，自分も相手も知らない，普段は気がついていないことを明らかにします。「検査法」によって，自分の認知の特性を把握することができ，自分の得手・不得手の原因も推測できます。「だから自分は○○なのだ」という自己理解にもつながっていきます。同様に，子ど

もの認知特性に対する理解も深まります。思い込みではなく，客観的な子ども理解が可能となるのです。

それでは本節を振り返ります。

第１項は「ジョハリの窓」を紹介し，「隠された窓」は観察法，「盲点の窓」は面接法，「未知の窓」は検査法であり，検査法によって自分も相手も知らない情報が明らかになることを学びました。

第２項は検査法から情報を得ることで，「なんでわからないの！」から「どこにつまずきがあるのだろう」「困った子」から「困っている子」「手のかかる子」から「手をかけてあげればわかる子」へ意識の転換が図られることをお伝えしました。まさに，「検査法」は教師のためではなく，子どものためにあることが理解できたと思います。

第３項は「継次処理」と「同時処理」の話をしました。この２種類の情報処理様式を適切に把握することで，「どのように教えたらいいのか」という指導のヒントが得られます。「継次処理」と「同時処理」については，さらなる学びを深めていただきたいと思います。

第４項では，新しい学習指導要領において初めて，子どもたちの認知（情報）処理様式の特性を把握し，指導に生かすことが重要であることが明記されました。時代の流れとはいえ，文科省がこのような視点から教科ごとの学習指導のあり方を明確にしたことは，ある意味，画期的なことであるといえます。

第５項から**第８項**までは算数と国語の定性的な誤りの事例を紹介しました。第５項は応用問題の混乱。第６項は繰り下がりのあるひきざん。第７項は減加法と減減法。第８項は

漢字の表記や筆順の間違い。図形や文字の認知の問題等を取り上げました。どの事例にも共通することは，子どもの定性的な間違いを明らかにする（アセスメントする）ことで，初めて次の一手が打てるということです。３Ｋからの脱却（理論化）については何度も触れましたが，勘と経験だけでは対処できない課題について，チームを組んで丁寧にアセスメントすることで，子どもの困り感を打開することができます。「なんでできない」ではなく「だからできなかったんだ」となるためには，改めて子どもの学習状況（学びのスタイル）を正しくアセスメントすることが必要なのです。

第９項では「見える化のススメ」を提案しました。「見える化」は読んで字のとおり，文字や絵や図などを使って「視覚的に示す」ことでもありますが，抽象的なものを具体化する，イメージしているものをわかりやすく言語化するといったことも「見える化」の１つとなります。年長幼児の「バイキンマンを追い出せ！！」や「ADHDの見える化」で扱ったように，具体的な経験からキーワードを探して（言語化して）理解する（させる）という方法も一種の「見える化」と考えていいと思います。

最終項では「あなたはどちらのタイプ」で自分の認知の傾向を考えてもらいました。自分の傾向だけでなく，自分と真逆のタイプの子どもたちが学級に半数程度在籍していることを理解すると，これからの学級経営のあり方も少し変わってくるのではないかと思います。

10

第3章

アセスメント事例集

1 特別支援教室—通称「うめ学級」—の取り組み

北海道札幌市立新琴似緑小学校 杉浦　正員

1 「うめ学級」ができるまで

　はじめに，本校の特別支援教室がどのように生まれたかについて，経緯をお話しさせていただきます。

・教室から出て行ってしまって，なかなか帰ってこない。

・授業中すぐに立ち歩いたり，大きな声を出したり，黒板にいたずら書きをしたりしてしまう。

・教師に注意されると反抗的な態度をとってしまう。

　私が本校に転任してきた頃，日常的に見られた子どもの姿です。当時特別支援コーディネーターをしていた私は，毎日，子どもたちの安全確保のための行動支援に追われていました。そんな子どもたちに対応し，困っている理由を聞いてみると，次のような答えが返ってきました。

・勉強したいけど，先生が言っていることが分からなくて，何をしたり何を書いたりしたらよいかわからない。勉強がどんどんわからなくなって，つまらなくなって立ち歩いたり，教室から出て行ったりしてしまった。

・授業中注意されればされるほど，落ち着かなくなりますます注意されることをし

てしまうようになった。周りの友達からも注意されるようになって，反発するようになった。

・教室から出るとほっとする。

　不適応の理由の多くは，学習時間（学習環境）に起因していました。学校生活の7割以上を学習時間として過ごす子どもたちにとっては深刻な問題です。不適応行動を繰り返しているうちに子どもたちの自己評価，自己肯定感はどんどん低くなっていきます。

▶ 行動支援から学習支援へ

　子どもたちに不適応行動を繰り返させない予防的な体制をつくっていくためには，その場しのぎの「行動支援」から継続的な「学習支援」にシフトを変えていく必要があると気づきました。子どもたちに学び直しをさせて力を蓄えさせ教室へもどしてやりたいと思いました。学習がわかり，自分でもやればできることを実感できれば自信がつき自己肯定感も高まります。そのためには，教室でTTとしてかかわるよりも別室での個別（少人数）指導の方が効果的だと考えました。早速ケース会議を開き，保護者の了解を得て，子どもたちを数名集めて，空き教室や会議室等を使って指導を始めました。特別支援教室は，子どもたちの「学び直し」のための教室としてスタートしました。また，特別支援教室での

学習支援と同時に，より包括的な支援体制の確立のために，緊急性の高い児童のためにサポートチームを結成し，ケース会議を開きながら他校通級教室をはじめとして相談室，放課後等デイサービス，医療機関などの支援機関につないでいきました。

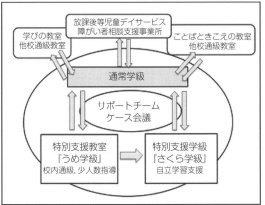

その後，特別支援教室は指導効果のある教室として次第に保護者たちの信頼を得られるようになり，通級児童が増えていきました。それに伴い教育的ニーズも多様化していったので支援方法や内容，支援体制の見直しを行い，6年前から現在の教室の形になりました。そして周囲からはいつしか，特別支援学級の「さくら学級」に対して「うめ学級」と呼ばれるようになりました。

② 「うめ学級」の現在

「うめ学級」では次のようなことを心がけながら支援にあたっています。

◎所属学級にもどって学習に立ち向かえる力を蓄えさせる。
・所属学級の教科学習と連動した指導
・認知的な「弱さ」を補い長所を伸ばしていく専門的な指導の工夫

・必要な支援を集中的継続的に
（週4時間程度の通級時間の確保）

ここ数年うめ学級には1〜6年生まで30名前後の子どもたちが通ってきています。

令和元年にうめ学級を利用した子ども

通級している児童数　　合計33名
1年	3名	2年	6名	3年	5名
4年	6名	5年	6名	6年	7名

学習で困っている児童	25名
不登校傾向	5名
情緒の安定・クールダウン	3名

必要な支援を集中的継続的に行わなければ，学習上の困難は改善されません。指導は1人あたり原則1日1時間（45分）に限定し，1週間に最低でも4時間程度の連続した指導ができるようにスケジュールを調整しています。1日に15名以上の子どもに対応していかなければならないので，完全な個別指導ではなく同学年をまとめての少人数指導の形をとっています。

指導教科は，原則算数を中心とし一部国語の指導に限定して行っています。所属学級と連動した教科指導を重視しているので，算数

の指導を受ける場合は，所属学級の時間割が算数の時間に通級させています。学習内容の進度も所属学級に合わせています。

　学習支援のほかに，不登校傾向のある児童に対しての支援（居場所・相談・学習）や情緒的に不安定になってしまった子の行動支援を行っています。

　現在，指導は教務主任・特別支援コーディネーター・専科指導担当教諭（2名），学びのサポーター（2名）が担当し，本来の職務をこなしながら指導にあたっています。

　うめ学級には様々な教育的ニーズ，認知的な特性をもった子どもたちがやってきます。彼らには，認知的な「弱さ」を補い長所を伸ばしていく専門的なかかわりや支援が重要になってきます。次に「うめ学級」で試みている指導方法について紹介していきます。

３ 「うめ学級」の国語の読みの指導の試み

　人数は少ないのですが，うめ学級には「国語の読みに関わる困り」を抱えて通ってきている子どもたちがいます。彼らは，おおよそ次のような読みに関わる困りを抱えています。

・一文字ずつのたどり読み。

・流暢に読むことができない。

・拗音促音がスムーズに読めない。

・文脈によって変わる漢字が読めない。

・飛ばし読み，勝手読みをしてしまう。

・一応読めるが，意味を理解することができ
　ない。

　一文字ずつのたどり読みになってしまう子や流暢に読めない子は，音韻能力が弱く文字記号の音声への変換（デコーディング）の自動化が十分なされていないと考えられます。また，音声化の段階でワーキングメモリの容量のほとんどを使ってしまうので，文章の意味をとらえるまでの余裕がなくなっていると考えられます。このような困りを抱えている子どもは，話し言葉の面でも分節化が未発達で自分の思いや考えを断片的な文章（場合によっては単語のみ）でしか表現できないことがあります。また，文章を流暢に読める子に比べると語彙数が極めて少ない傾向があります。

　このような子どもたちには，読み（音声化）の指導と同時に語彙を豊かにすることに重点を置いた指導を行っています。語彙を豊富にもっていれば，「単語のまとまり」をとらえやすくなりスムーズに読んでいけるようになります。

　1年生の子どもたちには，その単語を表す絵を見せながら，その『意味』を媒介にして文字記号と音声を結び付ける指導をゆっくり行いながら，語彙を増やしていきます。上の学年では，所属学級の国語の教科指導との連携を重視しているので教科書の教材をそのまま使いながら読みと語彙の指導を行っています。長文の物語文や説明文の場合は，学級の進度より先に学習しておき，学級でもう一度学習する形も取ることがあります。

　次に，このような実態をふまえた読みと語彙指導の方法の実際を紹介します。

▶ 正確に読む（音声化）ための手立て

　はじめに，子どもに教材文を読んでもらいながらスムーズに読めない場所を確認します。読みで困っている子どもは次のような場所でつまずいてしまう傾向があります。

・読みがわからない漢字
・拗音や促音の入っている語句
・未知の語句・意味のわからない語句
・語尾（勝手に作って読んでしまう）
・語句が中途半端に行をまたいで記載されているところ

このような子どもに対しては，「読めなかった漢字にはルビをふる」，「スラッシュ（斜線）などを使って語句のまとまりをとらえやすくする」「語句が中途半端に行をまたいでいる時には，文字を移動して書き加える」などの手立てを取って，くり返し読み直しをしながら練習を進めていきます。

コトッ、どこからともなくねずみがあらわれて、まことの方を見て、ぱちりとまばたきをした。

⬇

コトッ、どこからともなくねずみがあらわれて、まことの方を見て、ぱちりとまばたきをした。

▶ 語彙を豊富にする手立て

上のような手立てを取るのと並行して，子どもにとって「未知の語句・意味のわからない語句」を見つけながら読んでいきます。そして見つけた語句を取り上げその意味理解を深めていきます。意味理解を深めるためには，従来から行われている国語の指導方法が有効です。次に語句のイメージ形成を促し理解を深めるための手立てを紹介します。

▶ 動作化を通してイメージ形成を促す

教科書の中には，「うきうき」「のろのろ」「うろうろ」などの擬態語や「目を落とす」「目を丸くする」「歯を食いしばる」などの身体名称を含んだ慣用句など「物や人の動き，心

情を表す」表現がよく出てきます。

たとえば，「じわじわ」「くねって」「うねって」「ほとばしる」という擬態語が，川の水の動きを表す言葉として使われている場合があります。そのような擬態語の理解では，「手の動きでどのように表すか」を考えさせながらイメージ化を図り，意味の理解につなげています。

C：「じわじわ」は，指を震わせながら両手を広げていく感じかな。
T：それでは，川の水はどんな感じで広がっているのかな。
C：土にしみ込みながら少しずつ広がっていく感じ。
C：「くねって」は，ヘビのように左右に動く感じで。
C：「うねって」は，波のように手を上下に揺らす。
C：「ほとばしる」は，上に水がいきおいよく飛び散る感じで，指を広げながら上に突き出すといい。

このように，子どもたちは手の動きを媒介にしながらイメージ化を進めていくことができました。意味理解が深まったところで，改めて音読させると，指示をしていないのに子どもたちは手の動きの表現も交えながら，楽しそうに読み進めていました。

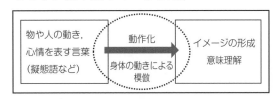

低学年に限らず高学年においても，「動作化（身体の動きによる模倣）」を媒介にしな

がら読みを進めていくことは，イメージの形成を促し意味理解を深めるのに大変有効です。

　動作化とともに語彙を豊かにするうえで有効なのが次の方法です。

▶ 似た意味の語句や反対の意味の語句と比べながら意味をとらえる

　子どもにとって「未知の語句・意味のはっきりわからない語句」を学習する時は，その語句と似た意味をもつ語句や反対の意味をもつ語句と比べながら読み進めることにしています。そうすることで取り上げた語句同士につながりが生まれ，学習対象語句の意味理解が深まります。子どもの中に語彙のネットワークが形成されるので記憶への定着も容易になります。

　3年生の教科書には植物食や肉食の恐竜について説明したものがあります。その中で「植物を食べる（恐竜）」の意味がわからない子がいました。そこで，あえて反対の意味を持つ「肉食」について先に取り上げ，動物園の動物と類比させながら「植物を食べる（恐竜）」意味について考えていくことにしました。おおよそ次のように学習は進みました。

T：「動物園で肉を食べる動物は何か知ってる？」

C：「ライオンかな。」

T：「ライオンは自然の中では何を食べているのかな。」

C：「他の動物を捕まえて，その肉を食べている。」

T：「肉食の恐竜は何を食べていたのかな？」

C：「他の恐竜をおそって食べている。」

T：「動物園で肉を食べない動物は何を食べているの？」

C：「キリンやゾウは草や野菜，果物を食べていた。」

T：「キリンは，自然の中では何を食べていると思う？」

C：「首が長いので，木の上の方の葉を食べていたのをテレビで見たことがある。」

T：「『植物を食べる恐竜』は何を食べていたかわかったかな？」

C：「キリンと同じように木の葉や草だ。そういえば，まえにテレビで大きな首の長い恐竜が木の葉を食べていたのを思い出した。」

　この子は，動物園の動物が食べているものから類推しながらスムーズに「植物を食べる（恐竜）」の意味を理解することができました。

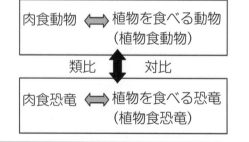

　一通りの読みが終わり文章の意味理解が深まったこの子の読みは，最初に比べると速度も格段に上がりスムーズなものに変わりました。読みの学習が終わってから図書室に行って一緒に恐竜図鑑を読みました。「先生，ティラノサウルスは肉食だね。」「ブラキオサウルスは木の上のほうの葉を食べている。植物

を食べる恐竜だね。」「この恐竜は，羽毛が生えている。教科書に載っていたのと同じだ。」など，教科書の学習で習得した言葉をつぶやきながら楽しそうに読み進めていました。

4 「うめ学級」の算数の指導

「うめ学級」に通ってくる子どもたちの約8割は算数の補充学習のためにやってきます。彼らは教室での算数の学習では，次のようなことで困っていると考えられます。

・教科書のどの問題をやっているのかわからなくなる。

・問題の写し間違いが多い。

・教師の指示や説明，発問が長くなったり内容が複雑になったりすると，正確にとらえられなくなる。

・黒板の問題や計算をノートに写すのに時間がかかる。

・指示された手順通りに作業を進めたり問題を解いたりすることができない。

・複数ケタの計算問題で，行程の途中で頭の中で行う繰り上がりや繰り下がりの計算ができない。

・図形をイメージするのが苦手。

・文章題が苦手。

これらの子どもたちの困りに共通しているのは，学習に関わる情報を一時的に頭に保持して処理していく力が弱いことだと考えられます。つまり，これらの子どもたちは短期記憶やワーキングメモリに弱さを抱えている可能性があります。ワーキングメモリの容量が小さい子どもは，多くの情報や複雑な行程を伴った情報を一度に与えられると，その容量

を越えてしまい情報を正しく処理できなくなってしまいます。そこで，うめ学級の算数では，ワーキングメモリの弱さを補ったり，記憶を引き出したりする手立てを工夫しながら学習を進めるようにしています。

▶「作って・写して・書いて」から考える

「うめ学級」では，《作って・写して・書いてから考える》ことを大切にしながら学習を進めています。

たとえば，5年生の体積の学習では，実際に1立方センチメートルの積木を使って「体積を求める直方体」を作らせることから始めます。

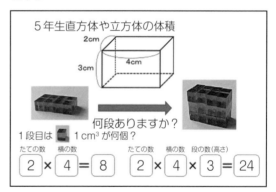

そして直方体が完成したら，「1段目は1立方センチの積木が何個あったかな？」「1段目の積木の数を式で求めるとしたらどんな計算になるかな？」などの発問をしながらステップを踏んで直方体の体積を求める公式を導いていくようにしています。

私は「まずは手で考えさせる」という言葉をよく使います。実際に直方体を作る時は，「1段目に8個（2×4）の積木を並べ，2段目も8個…」というように作っていきます。つまり，直方体を作る行為の中には潜在的にではありますが体積を求める行程が含まれて

いるということになります。ですから作った後は，その行程をスモールステップで意識化，言語化させていけばいいということになります。この方法で体積の意味を理解した子どもたちは，その後の学習でスムーズに習熟していくことができます。

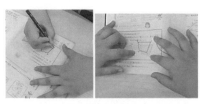

5年「合同な図形」
トレーシングペーパーを使って写す

5年生の「合同な図形」，6年生の「対称な図形」の学習では必ずトレーシングペーパーを使った図形の写し（「なぞり」）から学習を始めます。子どもたちは，一時的な図形の記憶や頭の中での図形の移動が苦手なので，その弱さを補うのには効果的な活動だと考え取り入れています。また，手を使っての「なぞり」は視覚認知をリードする働きがあり，図形の認知の弱さを補う効果があると考えます。このように図形をなぞる活動をしばらく続けていくと，写した図形がなくても，対応する頂点や辺などを直感的に見つけることができるようになっていきます。

▶ ワーキングメモリの弱さを補う計算学習

　計算の学習では，問題の数字を一時的に記憶しながら計算のきまりを想起し，計算の順序性を確認しながら答えを導き出し，それを書き留めていかなければなりません。

　注意力を持続させながら複数の情報を順序よく処理していかなければならない過程は，ワーキングメモリに弱さを抱える子どもたち

にとっては間違ったり混乱したりしやすいステップをたくさん含んでいます。そのような子どもたちにはワーキングメモリの弱さを補ったり，正しい順序に導いていったりするような手立てを取りながら学習を進めています。

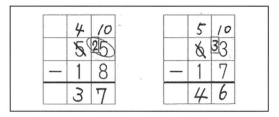

繰り下がりのあるひき算の筆算

　2年生の繰り下がりのあるひきざんの筆算の学習で使用している学習プリントです。引かれる数の一の位の数字の右隅には，「10－○」の答えを記入する場所を設けて暗算の過程を補助しています。習熟してくると，この場所がなくても同じような場所に数字をメモしながら計算を進めていけるようになります。このように繰り下がりの計算の過程での暗算の部分をスモールステップ化して見える形にすることは，ワーキングメモリへの負荷を軽くする効果があります。

　次にあげるのは9の段のかけざんだけでできるかけざんの筆算練習用の学習プリントです。（2～9の段の学習シートがあります。）

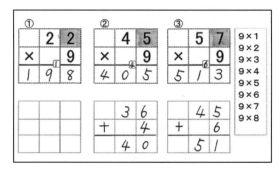

9の段だけでできる筆算プリント

　プリントの右側の九九の9の段の式は，九

九の答えを思い出しやすいように載せています。筆算の順番がわからなくなる子には，かけられる数の1の位に蛍光ペンで色を付けることもあります。また，筆算の下の欄は，10の位の計算で繰り上がりが出てきた時の補助計算のためのスペースになっています。この学習シートは，かけざんの筆算の基礎を習熟させるとともに九九を覚えきっていない子どもたちにとっても効果的です。

▶ 文章題はスモールステップで

算数の文章題が苦手な子は，「問題の文章の読解ができていない。」「内容がイメージできないので問題を解くための方法が考えつかない。」「問題を解く順序がわからない。」「計算が正確にできない。」など様々なステップでつまずいています。このような子どものつまずきをヒントにして文章題を解く道筋をスモールステップ化した学習プリントを自作して使っています。次にあげるのは3年生のわりざんの文章題の学習プリントです。このプリントは次の4つのステップで構成されています。

① 文章の読み取りの確認をする。
② 絵や図に表してイメージし，解き方を考える。
③ 式を立て，計算して答えを求める。
④ 答えの確認をする。（②のステップの答えと比べる）　※右上図参照

子どもたちが一番苦労するのは②の「絵や図に表してイメージし，解き方を考える。」ステップです。学習プリントにヒントを記しておく場合もありますが，それでもできない場合は積木などを使って実際に操作させてから絵や図に表すようにしています。理解が進

んでくると，教科書の文章題も同じ行程で解き進めていけるようになっていきます。

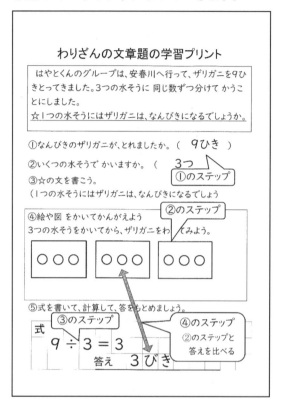

5 終わりに
教えることは教えられること

子どもたちに夢中になって教えている時，同時に彼らに教えられているという感覚になることがよくあります。「学びが成立する場」が子どもと教師の相依相待の関係の中で成り立っているものだからだと思います。

「うめ学級」での子どもたちとの出会いがなければ本稿に記したような発見や学びはありませんでした。また，子どもたちの支援のために関わってきた大学の研究機関をはじめとする様々な関係機関の人たちとのつながりもできなかったはずです。これまで出会ってきた子どもたちに感謝して本稿を閉じます。

2 通級指導教室の取り組み

北海道札幌市立南月寒小学校 山下 公司

1 漢字の読みが定着しないＡさん

　Ａさんは通常の学級に在籍する２年生の男の子です。習った漢字を覚えようと何回も書いてみたり，教科書にルビをふったりして一生懸命覚えようとしますが，一度は覚えてもなかなか定着しませんでした。他機関で実施したWISC-Ⅳの結果は表１の通りです。

表1　WISC-Ⅳの結果

	合成得点（90%信頼区間）
全検査 IQ（FSIQ）	80（76−86）
言語理解指標（VCI）	88（82−96）
知覚推理指標（PRI）	87（81−96）
ワーキングメモリー指標（WMI）	79（74−88）
処理速度指標（PSI）	81（76−91）

　この結果から，地域の相談機関では特別支援学級も検討したほうが良いとの助言があったようです。しかし，普段の様子を見ると，学習面での困難さ（主に国語・算数での困り）はあるものの，日常生活や友達関係での困難さはほとんどありませんでした。絵を描くことや工作が好きで，図工はとても得意です。また，生き物にとても興味があり，家ではたくさんの生き物を飼っています。

　しかし，学習面での困難さを解消するには，まだまだ情報が少ないと思い，KABC-Ⅱを通級指導教室で実施することにしました。結果は，表２，３の通りです。

表2　KABC-Ⅱの結果（認知尺度）

	標準得点（90%信頼区間）	
認知総合尺度	86（81−91）	
継次尺度	74（69−81）	PW
同時尺度	98（90−106）	
計画尺度	112（103−120）	PS
学習尺度	84（77−93）	

表3　KABC-Ⅱの結果（習得尺度）

	標準得点（90%信頼区間）	
習得総合尺度	78（75−82）	
語彙尺度	92（86−98）	PS
読み尺度	82（76−89）	
書き尺度	79（72−88）	
算数尺度	76（71−82）	

▶ 総合的な判断

　知的水準は境界域ですが，個人内で強い面と弱い面があります。継次処理は弱い一方，計画能力の高さや語彙の豊富さは確認できます。継次処理と同時処理の比較では，同時処理が有意に高く，同時処理的なアプローチが有効である可能性が示唆されました。

　また，漢字を覚えることの苦手さは，漢字そのものがＡさんにとっては無意味刺激になっていることが，なかなか定着しない要因の１つであると考えられました。

図1　Aさんの作った漢字イラストカード（表）

▶ 支援の方針

　絵がとても得意であること，語彙が豊富であること，同時処理が得意であることがAさんの強みであり，それらを生かした支援を行いました。

▶ 具体的支援

　教科書で習う新出漢字を先取りで学習しました。予習として教科書読みを先生と一緒に行い，まずは文章の内容を理解させます。その後，新出漢字の意味を確認させ，その漢字のイメージとなる絵を本人がカード（A4の4分の1サイズ）に描いていきました（図1）。作成した漢字イラストカードの裏には，読みと文例も書きました（図2）。

　まずは漢字イラストカードの表をフラッシュカードのようにパッと見て読み，自分で裏を見て正解を確かめることを続けました。自分で描いたイラストということもあり，また，漢字がAさんにとって意味あるものとなり，どんどん漢字が読めるようになっていきまし

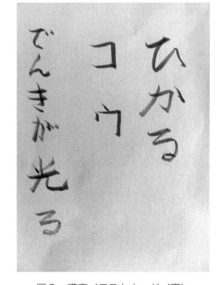

図2　漢字イラストカード（裏）

た。毎週新しい漢字イラストカードを5〜6個ずつ作成していき，年度末には冊子にしました。Aさんだけの小さな小さな漢字辞典の完成です。3年生以降は，教科書の文面から漢字を推測して読むことができるようになり，漢字イラストカードの作成は行いませんでしたが，この活動を通して，漢字が読めるようになったと大きな自信になったようです。

❷ 漢字がなかなか覚えられないBさん

　Bさんは通常の学級に在籍する5年生の男の子です。漢字を書くことに苦手意識があり，「漢字を覚えることができない。」と訴えます。通常の学級での授業の様子を参観すると，姿勢が崩れ，どこかぼんやりとして過ごしていること多いです。また，集中しなければならない作業場面では，膝をカタカタせわしなく動かす貧乏ゆすり，椅子を前後に動かすなど体のどこかを常に動かしています。

　学習は全般的に苦手意識をもっていますが，体育には自信をもっていて，体を動かすことはとても好きです。

　姿勢の崩れや体幹の弱さが気になり，作業療法士による評価を受けました。すると，覚醒レベルが低く，集中することが難しいのではないかということを指摘されました。

　他機関で実施したWISC-Ⅳの結果は，表4の通りです。

表4　WISC-Ⅳの結果

	合成得点（90%信頼区間）
全検査 IQ（FSIQ）	93（88−99）
言語理解指標（VCI）	95（88 − 103）
知覚推理指標（PRI）	115（106 − 121）
ワーキングメモリー指標（WMI）	82（77 − 90）
処理速度指標（PSI）	81（76 − 91）

▶ 総合的な判断

　知的水準は平均域であるものの，ワーキングメモリー指標や処理速度指標が低く，作業パフォーマンスの悪さが示唆されました。集中して作業することの苦手さや集中の持続の難しさが影響している可能性が考えられます。

このことは，授業参観の様子とも合致する結果です。

　漢字をなかなか覚えられないことの要因として，繰り返し練習の難しさ，集中して作業することの難しさが考えられました。

▶ 支援の方針

　本人の心地よい感覚である運動を取り入れた漢字練習を行うこと，漢字を集中して意識的に見ていくことを取り入れた学習を行うことにしました。すべてに対応していくことは時間も限られ難しいため，毎週行われる漢字小テストに焦点を絞り，それに向けた予習を行うこととしました。

▶ 具体的支援

　在籍学級担任の先生と連携し，次週に行われる漢字テストを事前にいただくことにしました。それをもとに，通級指導教室で予習に取り組むことにしました。

　少し離れた場所（教室の後ろ端程度）に，漢字見本を設置し，それを見てから教室前面の黒板まで走ります。黒板までたどり着くと，今覚えた漢字を黒板に書きます。もし忘れてしまった場合は，再度走って見本を見て確かめます。5問終えた段階で，見本をもって自分で丸付けをします。

　見本を見る時に，グッと見ることを意識させ，途中に軽い運動を行うことで覚醒レベルを上げて課題に取り組ませました（図3，4）。運動を伴う漢字練習なので，「運動漢字」と命名し，毎週取り組みました。

図3　運動漢字イメージ図

図4　自分で確かめているところ

　運動漢字に取り組み始め，Bさんはとても苦手意識をもっていた漢字学習に意欲が出始めました。「漢字を覚える時にしっかりと体を動かすことが大事。」と自分でも語っていました。これまで漢字練習を嫌がっていたにもかかわらず，家庭でも漢字練習に取り組むようになり，「家では走れないからバランスボールで跳ねている。」と自分なりに工夫して漢字練習に取り組むようになりました。それと同時に漢字小テストの点数も向上し，より自信につながっていきました。

　5年生後期の漢字小テストの結果は図5の通りです。通級指導教室では，漢字練習のきっかけを作りましたが，最終的には通級指導教室で学んだ学び方で自分なりに工夫をして

取り組んだ成果です。6年生になると，通級指導教室で漢字学習に取り組まなくても，家庭学習で自分なりに工夫して取り組み，その成果を報告するだけになっていました。まだまだ常に満点をとれるというまでには至りませんが，「この方法で練習すればできるようになる。」と実感はできているようです。

　さらに，漢字学習だけにとどまらず，他の学習でもより意欲的に取り組むようになりました。「やったらできた」という経験を積み上げた結果であったと考えます。

　本人の訴えに応えていくことが通級指導教室には求められています。そのことをBさんから改めて教えてもらいました。

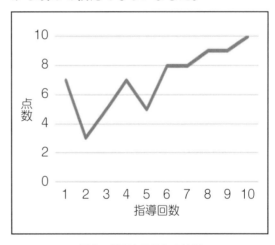

図5　漢字小テストの結果

❸　漢字がなかなか覚えられないCさん

　Cさんは通常の学級に在籍する3年生の男の子です。おしゃべりがとても上手で，思考力もあります。その反面，漢字学習に対しては意欲がなく，そのことが原因となって登校しぶりが始まりました。

もともとプライドの高いCさんは"できない"ということをなかなか認めたくありませんでした。1，2年生までは，漢字の修正を行う際，何度も書かせるのではなく，正しいものを一回書けばそれでよしとしてくれていました。

とても聡明なCさんなので，3年生の在籍学級担任の先生は，「苦手な漢字も一生懸命取り組めばできるようになるはず」という思いで，漢字テストでの誤りの修正を中休みに行い，それでも終わらない場合は，翌日の中休みに個別指導を行っていました。中休みに友達と遊ぶことを何よりの楽しみにしていたCさんは，このことをきっかけとして登校しぶりを起こすようになりました。通級指導教室での指導が始まったのもこの頃です。Cさんは，通級指導教室で，「漢字を何回書いても覚えられない。」と訴えました。登校しぶりの一番の要因は中休みの漢字学習にあると判断しましたが，在籍学級担任の先生に配慮をお願いするにあたり，アセスメントをすることにしました。WISC-Ⅳ（表5）は他機関で実施されていましたので，通級指導教室では，KABC-Ⅱ（表6，7）を実施しました。結果については，右の表の通りです。

▶ 総合的な判断

Cさんの全般的な知的水準は平均域であり，知的な遅れはないことが確認されました。漢字の書きの困難さの要因としては，視覚認知の弱さが推測されました。反面，強みとしては言語能力の高さが挙げられます。

表5　WISC-Ⅳの結果

	合成得点（90%信頼区間）
全検査 IQ（FSIQ）	107（101－112）
言語理解指標（VCI）	115（106－121）
知覚推理指標（PRI）	95（88－103）
ワーキングメモリー指標（WMI）	115（107－120）
処理速度指標（PSI）	96（89－104）

表6　KABC-Ⅱの結果（認知尺度）

	標準得点（90%信頼区間）	
認知総合尺度	94（89－99）	
継次尺度	108（101－114）	
同時尺度	81（74－90）	PW
計画尺度	100（91－109）	
学習尺度	97（89－105）	

表7　KABC-Ⅱの結果（習得尺度）

	標準得点（90%信頼区間）	
習得総合尺度	112（108－115）	
語彙尺度	122（115－127）	PS
読み尺度	111（104－117）	
書き尺度	99（91－107）	
算数尺度	99（94－104）	

▶ 支援の方針

言語的手がかりを活用し，漢字の部品に記銘することを通して覚えやすくします。その際には，手順を明らかにし，覚え方を統一する。方略生成の良さを生かし，本人の語りから覚えやすい方法を通級担当者と検討します。

通常の学級における漢字の学習は，意欲持続を念頭に置くことと，視覚処理の困難さを軽減することとしました。

▶ 具体的支援

Cさんの困りに対する客観的なデータをもとにした支援方針を在籍学級担任の先生に示し、配慮をお願いしていくこととしました。Cさんは何回も書けば覚えることができるタイプではないことを伝え、漢字テストの再テストは何度も行うのではなく、一度だけ正確に書くことでやり直しをしたと認めてもらうようにしました。また、漢字学習の際には、空書きなどをみんなと一緒に行うことを提案しました。

通級指導教室において、Cさんには、くり返し書いて覚えるより、部品を自分なりに言語化して記銘する方が覚えやすいことを伝え、図6のように「さんずい・ふるい・つき」「うかんむり・イ・ひゃく」「きへん・ひつじのながいの・てんよっつ」といった方略で漢字を覚えさせました。Cさんも「これなら覚えやすい」と話し、新出漢字を自分なりの方法で部品に分解し、意味付けしていくことで、抵抗なく漢字を覚えていくようでした。また、漢字を書く際の原則は「左から右」、「上から下」であることを伝え、書く順番も、1部品目は赤、2部品目は青、次は緑…、といったように一定化させることで書く順番が安定し、自信をもって取り組んでいる様子が見られました。また、Cさんはこの色分けがとても分かりやすいと言い、家庭での学習でも実践しているようでした。

漢字口唱法による指導の結果、Cさんは漢字を自分なりに部品に分けて意味付けし、筆順も迷うことが少なくなったため、作業が安定し、安心して漢字学習に取り組むようになりました。結果、漢字学習への抵抗感が格段

に減りました。

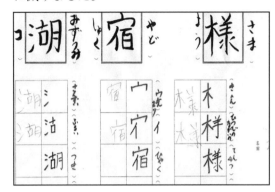

図6　漢字口唱法

アセスメントを通して、在籍学級担任の先生と連携を図ることができた事例でした。一見すると困りの少ないCさんが登校しぶりを起こし、保護者や在籍学級担任の先生は、理由がなかなか見つかりませんでした。そこで、本人の語りを大切にし、困りを解消するためにしっかりとアセスメントし、支援、指導をすることで、結果として登校しぶりは軽減されていきました。

4　算数に自信をなくしているDさん

Dさんは通常の学級に在籍する4年生の女の子です。話すことが大好きで、よくお話をします。友達とも仲が良く、周囲を見て行動することもできます。当番活動や係活動にも一生懸命で、周りからも信頼されています。学習面では、国語はわりと得意で自信をもっていますが、算数への苦手意識はとても強く、やる前から「できない。」「わからない。」と拒否してしまいます。

算数の実態は、単純な計算はできますが、計算の手順で混乱してしまう様子が見られました。長さや重さ、大きさの比較、「どれくらい？」ということへの理解が弱く、量概念

が形成されていない様子が見受けられました。他機関で実施されたWISC-IVの結果は以下の通りです（表8）。

表8　WISC-IVの結果

	合成得点　（90%信頼区間）
全検査 IQ（FSIQ）	92（87－98）
言語理解指標（VCI）	93（87－101）
知覚推理指標（PRI）	87（81－96）
ワーキングメモリー指標（WMI）	91（85－99）
処理速度指標（PSI）	104（96－111）

▶ 総合的判断

　Dさんの全般的な知的水準は平均域であり，知的な遅れはないことが確認されました。算数の困難さは，手順の理解の弱さ，量感覚の弱さが挙げられます。反面，強みとしては言語能力の高さが検査結果や臨床場面から確認されました。

▶ 支援の方針

　計算に取り組む前に手順を明示し，失敗をさせないようにしました。また，かなり意欲が低下しているため，できない部分を補助するのではなく，できた感覚を味わわせるために，予習に取り組むことにしました。量感覚の弱さが見られたため，今後つまずくと予想される図形領域「面積」の学習に取り組むことにしました。

▶ 具体的支援

　割り算を行う際に，手順が混乱してしまう様子が見られたので，図7の補助教材「めざ

せ！割り算マスター」（4cm×8cm）を活用し，実際に計算練習に取り組みました（図8）。

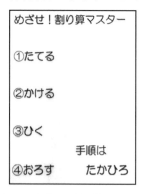

図7　めざせ！割り算マスター

図8　活用場面

　面積の学習では，1cm方眼用紙に1cm×1cmのマス目を描き，それが1cm²であることを理解させました。その後，3マスでは何cm²であるか，4マスでは何cm²であるかを確認しました（図9）。

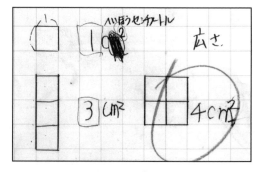

図9　1cm²の理解

　次のステップでは，Dさんが少し1マスず

つ数えるのが面倒くさいと思えるようなものを提示しました。そうすることでDさん自身から2つずつまとめられればいいという言葉が出てきました（図10）。

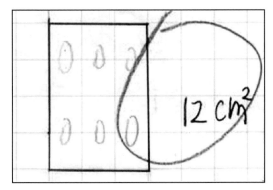

図10　2つずつまとめられればいい

さらに大きなものを提示すると、「4つが5個分だ！」と言って、自分で立式しようとする姿が見られました（図11）。

さあ最終段階です。「より大きくなるとどうなるかな？自分で式を立ててみよう！」と伝えると、どんどん自分で取り組み始め（図12）、「面積の勉強をもっとやりたい！」「三角形の面積はどうなるんだろう？」とどんどんと学習を深めていきました。最終的には、変形図形の面積を求めることもできるようになり、「自分は面積名人だ！」と自信をもつことができるようになりました。

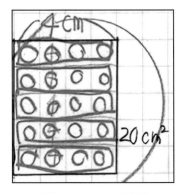

図11　4つずつの気付き

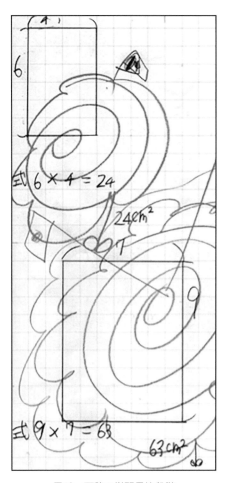

図12　面積の学習最終段階

Dさんは、その後、新規通級児童に対して、通級指導教室の紹介をこのようにしてくれました。「まなびの教室ではね。自分の得意な方法を使って苦手なことに取り組むの。私は、国語が得意だから先生と話をしながら、苦手な算数に取り組んで、ちょっとだけできるようになったよ。」

通級担当冥利に尽きる一言でした。

【参考文献】
小野寺基史＆山下公司（2016）「KABC-Ⅱ書字に困難があり登校しぶりを示した小学校3年生男子のアセスメントと通級指導教室での取り組み」K-ABCアセスメント研究, 18, 1-10

児童発達支援・放課後等ディサービスにおける取り組み
～シェルボーン・ムーブメントの実践～

北翔大学教授　瀧澤　聡

1 シェルボーン・ムーブメント（SDM）の概要

シェルボーン・ムーブメントは，英国の体育教師及び理学療法士のVeronica Sherborne（1922-1990）によって創成されました。英語では，Sherborne Developmental Movementと表記されます。ここでは，シェルボーン・ムーブメントをSDMとします。

SDMは，1960年代後半から英国を中心にヨーロッパ諸国で実践され，現在では北米のカナダや南米のブラジルそしてアジアの日本や台湾においても導入されています。我が国においては，1993年に兵庫県神戸市にある財団法人ひょうご子どもと家庭福祉財団が，初めて紹介しました。それ以降，多くの小学校，幼稚園，保育所，通園施設，成人の施設等で活用されています（以上，日本シェルボーン・ムーブメント協会，2013）。

SDMの対象範囲は，障がいの有無によらず高齢者から乳幼児までと幅広く，特に重度・重複障がい，視力障がいや聴覚障がい，肢体不自由，情緒障がい，発達障がいや知的障がい等のある子どもたちに有効とされます。

SDMの目的は，子どもの発達の基礎となる身体認識と空間認識，自信そして他者への信頼を，ムーブメント活動のための適切な空間である床面でパートナーとなるべき他者との活動を通して形成することにあります。

このムーブメントの目的を達成するために

図1　大学ゼミでのSDMの活動の様子

参加者は，他者と楽しく床の上で様々な感覚運動経験を積み重ね，例えば押し合ったり，転がったり，もたれて揺れたり，抱っこされたりなどの活動をします。また，SDMの指導者は，観察による手法で参加者のムーブメントの実態を把握していきます。そのための評価項目も用意されています。

SDMの効果として，参加者が身体の心地よさを感じリラックスできる，様々な身体の動かし方を獲得できる，他人への関心が高まる，積極的に他人とかかわることができる，ものごとに集中して取り組める，自信をもって達成感を味わうことができるなどが，期待されます（以上，シェルボーン，2010）。

2 基本的な目的・内容・方法・評価

ここからは，筆者の実践指導経験，瀧澤他（2016），シェルボーン（2010）とヒル（2009）の各著作をふまえて，幼児期から学童期の言語理解可能な子どもたちを対象とした基本的な目的・内容・方法・評価について紹介します。

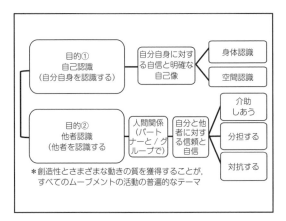

図2　SDM の基本的な目的（ヒル 2009，一部改変）

▶ **（1）基本的な目的**

　SDM の基本的な目的は2つあり，子どもたちが「自己認識」と「他者認識」を獲得できるように指導・支援することにあります(図2)。

　「自己認識」の獲得では，「身体認識（身体を認識すること）」と「空間認識（空間を認識すること）」という2つの活動を通して，子どもたちは，自己に対する自信をもち，「明確な自己像」という肯定的なイメージが身につけられるようになります。

　シェルボーン（2010）は，「他者認識」の活動を「人間関係の活動」としました。「人間関係の活動」には以下の3つがあり，一対一あるいはグループの形式で行います。

　　・「介助しあう人間関係」
　　・「分担する人間関係」
　　・「対抗する人間関係」

　これらの活動をとおして，子どもたちは他人を信頼し，人とのコミュニケーション等で自信がもてるようになります。

　これらの活動には，子どもたちがムーブメントにおける創造性を発揮するように指導・支援することも含まれています。SDM の活動経験が積み重ねられていき，子どもたちの

ムーブメントに創造性が生じれば，身体表現することの自信と自尊心をもつことにつながります。

　一方で，このことは，SDM が子どもたちのムーブメントの質に影響を与えていることになります。「早く動く－ゆっくり動く」，「強く動く－やさしく動く」，「かたく動く－柔らかく動く」，「まっすぐに動く－くねくね曲がって動く」等，子どもたちに様々な異なった動作での動き方を指導・支援していると考えられるのです。

　このように，SDM の目的は，子どもたちの身体面と心理面への成長が得られるように構想されています。

▶ **（2）基本的な指導内容と方法**

　次に，SDM の基本的な目的にそって，どのような指導・支援内容があり，どのようにして実践されるのかという方法について説明します（図2）。

　「自己認識」の一つである「身体認識」の活動には，「身体名称」を覚える活動があります。その際，子どもたちは，床の上に座位あるいは臥位で活動することが望ましいです。なぜなら，これらの姿勢による活動は，安全性が最も優位であり，また身体接触の面積が広いため，子どもたちの身体に刺激を取り入れやすいというメリットがあるためです。

　この「身体名称」を覚えるために，SDM では，子どもたちに身体のある部分に注意を向けて集中させ，その部分を認識するように指導・支援します。たとえば，床の上で「身体の後」の部分を床につけて（背臥位），足を使用して移動するように伝えます。この時，その個所が，「身体の後」であることを子ど

もたちに教示し，移動中に「『身体の後』の部分を感じることができますか」「『身体の後』は何と呼びますか」などと質問します。このような活動をすると，子どもたちは移動しながら，「背中！」と大きな声で伝えてくれることが多いです。「身体の前」を床につけて仰臥位になって床を移動しながら，「背中」の場合と同じような質問をして，「腹」を認識させることもできます。「尻」も同様にできます。

「顔面」の各部分については，「ゆりかご」の姿勢（詳しくは後述）になりながら，パートナーといっしょになって活動ができます。例えば，SDM実践指導者が，子どもたちに以下のように問いかけます。「『ほっぺ』はどこかな？　指で優しくツンツンしてみましょう」「顎」「耳」なども同じようにできます。その際，パートナーの方々は，子どもがどこなのか迷っていても，すぐに回答しないようにしてください。子どもたちに考えてもらい，上手に指でツンツンできたら，たくさん褒めてあげてください。子どもができない時は，子どもの手を優しくそえながら，顔の部分をツンツンしてあげたり，自身でその個所をツンツンしながら，子どもに伝えたりしたらよいでしょう。

以上のように，活動に伴うふさわしい言葉を使い，その時点で子どもたちが注意を向けている身体の部分に集中させます。子どもたちへの言葉がけは，はっきりと正確に行います。このような活動をくり返すことで，子どもたちは，身体の各部分を感じて知覚しながら，同時にその部分の名称を覚えることができるようになります。

▶ （3）「身体の中心」を認識する活動

シェルボーン（2010）は，身体的にも心理的にも「身体の中心」について，子どもたちが認識できるように指導・支援することを重視しています。この「身体の中心」を認識する活動は，たとえば，子どもを仰向けにさせ両手を使って，「お腹をパタパタしてみてください」「お腹をつついてみてください」「くすぐってみてください」あるいは「お腹をかたくしてみてください」「次に，お腹をゆるめてください」などと尋ねてみます。

「腹」に気づかせたなら，そこを中心とした活動にガイド（誘導）することで，「身体の中心」を起点とした活動を，子どもたちに考えさせるようにします。例えば，「お腹を中心にしてゆっくり回るにはどうしたらよいですか」「早く回すとどうなりますか」「お腹を滑らして，遠くまでいくことができますか」「お腹を滑らして後ろに行くにはどうしたらよいですか」などと，声かけしながら活動を展開させることが可能です。

他にも子どもたちに「身体を丸くすることができますか」と尋ねて，実際に身体を丸めることができたら，「身体の中心」を中点にして丸くなっており，脊柱がきれいなカーブになっています。このように身体を丸められることは，「身体の中心」の認識をもっていることにつながります。さらには，小さく丸まった身体をパートナーが持ち上げ，持ち上げられた方がその姿勢を維持できたなら，その認識は確実なものとして考えられます。

▶ （4）空間認識

「空間認識」には，「個人的空間」「一般的空間」「空間の概念」という3つのタイプの

活動があります。

「個人的空間」の活動は，SDMにおいて身体の中心からできるだけ遠くでもの等に触れることのできる空間を意味します。例えば，子どもたちが，自分の腕を前方に，後方に，上に，下に，左に，右にどこまで伸ばせるのかが「個人的空間」になります。具体的な活動として，子どもたちを立位の姿勢にさせ，「できるだけ手足を広げて空間を探索してみてください。」「今度は，どれくらい高く空間を探索することができますか」「手足で，小さな空間を探すことはできますか」「どれくらい大きくしながら手足で探索できますか」等と問いかけながらムーブメントを実施します。

さらに，「パートナーを見つけてペアになってください。ここで考えてほしいことは，両パートナー同士では，どのようにすればできるだけ高く空間を探索できるかということです。それができたら，できるだけ小さく，できるだけ長く，そしてできるだけ大きく空間を探索してみてください。」等と問いかけながらムーブメントを実施します。

このような活動のねらいは，子どもたちに「個人的空間」を伝える際，「身体の中心」からどれだけ遠く，またはどれだけ短く距離を表せるかなどを経験させたいためです。さらに，子どもたちは，「個人的空間」を分かち合うことを学習する必要があり，2人が合わせれば，「個人的空間」をより大きく広くすることができます。

2つ目の「一般的空間」とは，私たちがいる空間の「前後上下左右」の6つの方向を意味し，SDMではその理解を支援する活動です。例えば，「この空間の端から端まで，トカゲ

図3　大学ゼミでのSDMの活動の様子

のように這いながら，ゆっくりまっすぐに移動してください」と子どもたちに向かって声かけをします。この動きに対して，彼らは，走りながらあるいは歩きながら移動するよりも困難度が増しますが，より動きの質の違いを感じることができるはずです。「この大きな空間を十分に利用してみましょう。自由にいろんな向きで歩いてください」「次に，指導者がポンと手を叩いたら，向きを反対に変えて歩いてください」「そして，走ってください」「次に後ろ向きで走ってください」等と声かけをします。

これらの活動は，子どもたちに空間を十分に利用するように促すことであり，「一般的空間」は，限定された空間ではないので，彼らの動きの質を観察しながら，さまざまな動きができるように機会を提供することで，「一般的空間」の認識を高めることが可能です。

3つ目の「空間の概念」の活動では，他者あるいは物との関係の中で，子どもたち自身がどこにいるのかを理解できるように指導・支援します。具体的な指導・支援として，子どもたち同士でペアになってもらい，身体を使って「『〜の上に』という言葉をいろいろ試してください」「みなさんなら，どのよう

な動きとして表すことができますか」などと声かけをします。「次に『〜をくぐりぬける』では，どうでしょうか。実際に試してみましょう」などと伝えます。

▶（5）人間関係の活動

図4は「人間関係の活動」の図です。「人間関係の活動」には「介助しあう人間関係」，「分担する人間関係」「対抗する人間関係」の3種類があります。

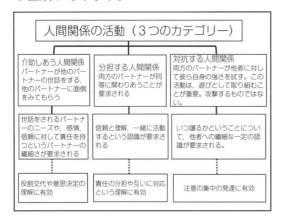

図4 人間関係の活動（ヒル 2009，一部改変）

まず「介助しあう人間関係」は，パートナーが他のパートナーの世話をする，あるいは他のパートナーに面倒をみてもらうという活動です。世話をするパートナーは，世話をされるパートナーのニーズや感情，信頼に対して責任を持つというパートナーの繊細さが要求されます。この活動は，役割交代や意思決定の理解に役立ちます。

代表的な活動に「ゆりかご（図5）」があり，包みこまれているパートナーが，もう一人のパートナーに全体重を預けてゆっくりと揺らしていきます。また，「馬」の活動も代表的活動の1つですが，パートナーの一人が，四つ這いになった他のパートナーの背中にまたがります。背中の子どもが両腕と両足をしっ

図5 ゆりかご

かりつかんだことを確かめて，四つ這いになったパートナーが前に進んだり，時にはバックしたりします。

「分担する人間関係」の活動では，両方のパートナーが同等にかかわり合うことが必要であり，両パートナーには，信頼と理解，一緒に活動するという認識が要求されます。この活動は，責任の分担や互いに対等という理解に役立ちます。

図6 バランス

代表的な活動に「バランス（図6）」があります。これは，両パートナーが互いにバランスをとろうとする意志が働いており，集中力が適度に発揮されている状態といえます。

最後に「対抗する人間関係」ですが，これは両パートナーが，互いに自身の強さを試す活動で，遊びとして取り組むことが重要であり，決して攻撃するものではありません。両パートナーは，他者への繊細な一定の認識が

要求され，注意集中の発達などに役立ちます。

図7 岩

　この活動では，「岩（図7）」という活動が代表的です。パートナーが，四つ這いで「岩」になっているもう一人のパートナーを崩そうとするものです。ここでは，注意力を発揮し，集中力を持続させています。また，立位で後ろ向きになり「押し合い」もよく実施される活動の1つです。この活動も，両パートナーが，注意力を発揮し，集中力を持続させることで比較的簡単に実施できます。

▶（6）動きの分析

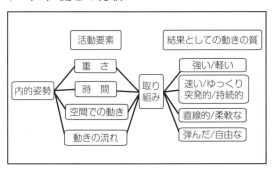

図8　Lavanの動きの分析（ヒル2009，一部改変）

　シェルボーンが師匠のLavanから継承した「動きの分析（図8）」ですが，Lavanは，人の動きを「活動要素」と「動きの質」で分析しました。

　「活動要素」とは，「重さ」「時間」「空間（での動き）」「（動きの）流れ」を指します。「重さ」とは，体重や重力に対する姿勢を示しま

す。一方の極を「強い」，他の極を「軽い」でそれらの範囲を表すことができます。「時間」は，時間に対する姿勢を示します。一方の極を「速い」あるいは「突発的」，他の極を「ゆっくり」あるいは「持続的」でそれらの範囲を表せます。「空間」とは，動きの空間的道筋に対する姿勢を示します。一方の極を「直線的」な動き，他方を「柔軟な」動きとして，それらの状態を表します。「流れ」は，動きの流れに対する姿勢を示しており，一方を「弾んだ」動きとして，他方を「自由な」動きとして，それらの状態を表します。ちなみに，この図8をふまえてSDMの活動にあてはめれば，「内的姿勢」とは，ムーブメントに参加する人の内面性であり，「取り組み」は，ムーブメント活動そのものです。

　シェルボーンは，Lavanの動きの分析を導入することで，SDMの指導者は，「身体のどの部分が主に関係するのか，どの方向に，どのような質の動きが要求されるのかを認識」する必要性を強調し，さらにSDMを「教える人が人間の動きをどのように見るべきかを知るために理解する必要のある枠組みを示しており，観察の結果，教える人が何を教えるかを決めること」ができると述べました。

▶（7）評価項目の代表例

　子どもたちを適切に指導・支援するには，彼らのムーブメントの実態を把握しなければなりません。いわゆる評価が必要になります。そのためのスキルとしては，観察があげられ，その結果を記録として整理する必要があります。以下に，SDMにおける観察のための評価項目の代表例を示します。

　表1は，「身体認識（部位）」に関する評価

シートで，対象者が，例えば「尻」について特定できるなら「○」と記録をし，自ら触れて名称を言えなければ「×」と記録します。

表1　身体認識（部位）の評価シート（ヒル2009，一部改変）

身体認識の評価	特定する 日付		触れて名称を言う 日付	
尻				
身体の前面				
身体の後面				
身体の中心				
顔				
頭				
両腕				
両手など				
目，鼻など				

表2は，身体認識（中心部・脊柱・体幹）の評価シートで，対象者が，例えば「身体の中心部」について特定できるなら「○」と記録をし，自ら触れて名称を言えなければ「×」と記録します。

表2　身体認識（中心部・脊柱・体幹）の評価シート（ヒル 2009，一部改変）

身体の中心部	特定する		触れて名前を言う	
身体の中心部の概念を理解	日付		日付	
丸くなる	日付			
抵抗に対して丸くなり続ける				
脊柱と体幹	日付			
脊柱と体幹の運動性（丸くなったり，前方回転するような）				

表3は，「個人的空間」と「一般的空間」

の評価シートで，例えば臥位等の各姿勢で，対象者が，「両腕や両脚で個人的空間の広がりを示す」ことができたなら「○」，そうでないなら「×」と記録します。

表3　空間認識の評価シート（ヒル2009，一部改変）

個人的空間	臥位で 日付		座位で 日付		立位で 日付	
両腕や両脚で個人的空間の広がりを示す						
パートナーと個人的空間を分かち合う	座位で			立位で		
	両手の使用 日付		両足の使用 日付		両手と両足の使用 日付	
パートナーとの活動で個人的空間を守る	座位で			立位で		
	両手の使用 日付		両足の使用 日付		両手と両足の使用 日付	
一般的空間	直線的な動き			柔軟な動き		
空間で自由に動く	日付			日付		

図9　大学ゼミでのSDMの活動の様子

表4は，「人間関係の活動」の評価表で，たとえば，項目の「揺らされ包み込まれてリラックスする」において，対象者が「介助者と一緒に活動する」ことができたら「○」，そうでないなら「×」等と記録します。

表5は，「動きの分析」の評価表で，対象者が「動きの質」をどのように表出し理解しているのか等を評価します。

表4 人間関係の評価シート（ヒル 2009，一部改変）

介助しあう人間関係	介助者と一緒に活動する		他の参加者と一緒に活動する	
	日付		日付	
揺らされたり包み込まれたりしてリラックスする				
他の人を包み込んだり、揺らしたりする				
パートナーの感情や必要性に繊細さを示す				

分担する人間関係	介助者と一緒に活動する		他の参加者と一緒に活動する	
	日付		日付	
バランスを取るという概念を理解する				
交替するという概念を理解する				
パートナーのニーズや必要性に対して、繊細さを示す				

対抗する人間関係	介助者と一緒に活動する		他の参加者と一緒に活動する	
	日付		日付	
引き伸ばされないように抵抗する				
滑らされている間、丸まったままでいる				
持ちあげられている間、丸まったままでいる				
押される、引かれることに対して、強さを維持するという概念の理解				
他の人を押す、引くなどの概念を理解				
攻撃しない強さの概念を理解				
いつ譲るかについての相互の合意の概念を理解				
パートナーのニーズと感情に対して繊細を示せる				

グループ活動	介助者と参加者の混合したグループで		参加者のグループで	
	日付		日付	
(特定の)3人またはそれ以上のグループで、協調して活動する				

表5 動きの質の評価シート（ヒル2009，一部改変）

動きの質		日付				
重さ	強い					
	軽い					
時間	速い					
	ゆっくり					
空間	直線的					
	柔軟な					
流れ	弾む					
	自由な					

　以上のように，記録の仕方として「○」あるいは「×」と二件法での記録を説明しましたが，「どちらともいえない」を「△」で表す三件法の方がより現実的に子どもの実態を評価すると考えられる場合には，それを採用したらよいと思われます。上記で説明した方法は，あくまでも一例にすぎません。

❸ 児童発達支援・放課後等デイサービスのSDM実践

　筆者は，大学教員になってから2018年7月に，札幌市西区においてSDMの理解啓発を主な目的とした児童発達支援・放課後等デイサービスを設立しました。年に40名前後のお子さんの利用者登録があり，週1回程度の利用者が多いです。全員がSDMのプログラムに参加しています。

　毎回のプログラムの1セッションでは，15〜20分程度を要し，曜日ごとにグループは異なるため，子どもたちのSDMの実態に応じた「ねらい」を設定し実践しています。たとえば，あるグループで，「自己認識」に脆弱性が確認されたなら，その活動をメインに支援内容を設定し，あるグループで「他者認識」が十分に育っていないなら，その活動をメインに実践しています。

　当事業所では，SDMを療育の1つとして導入しており，明確なねらいを設定し，その成果を確認するための評価をします。特別支援教育で一般的に実施されているアセスメント（子どもの実態把握）をSDMバージョンにして重視しています。ここでは，当事業所のSDMの実践成果の一部を事例で紹介します。

　なお，Sherborneの弟子であるヒル（2009）とMarsden（2007）も強調していますが，SDMの指導者には，先述した「動きの質」の分析に習熟することが必要です。しかし，そのためには，ある程度のSDM実践経験とその哲学等の理解が要求されるため，だれもができるSDMの実践を前提とした事例紹介

にしています。「動きの質」の分析の紹介は，またの機会にいたします。

▶ 事例1（幼児）

当事業所の登録時，A君（男子）は3歳5か月で，幼稚園の年少組に在園していました。「ASD（自閉スペクトラム症）の疑い」ということで，明確な診断名はないものの，日常生活では落ち着きのなさが目立ち，言語発達面では語彙力の少なさのせいで，周りの子どもたちとのコミュニケーションでは，言葉足らずで誤解されることも多かったです。また，スキップができないなどの粗大運動のぎこちなさや絵が苦手などの手の巧緻性の未成熟さも時折確認されました。しかし，生来的に明るくチャレンジ精神は旺盛で，SDMの活動にはとても関心をもって参加していました。

入所当時のSDM活動の評価では，表6の「身体の中心部」の認識や，「脊柱と体幹」，表7の「人間関係の活動」すべてに「×」が見られました。できないことが多かったA君ですが，半年もするとパートナーとの活動を上手に展開することを除いて，他のできることが増えました。

SDMの活動には最初から関心があったA君は，それを失うことなく継続してこの活動に参加し，より積極的になっていきました。その背景には，できることが増えたことで，自信をもって活動に取り組めるようになったこと，A君の発達のニーズが充たされるようなSDMの活動内容であったこと，A君の活動に対する達成感を常に保障したことなどが考えられます。

A君の落ち着きのなさはかなり改善され，情緒面で安定するようになりました。言語発

達面や不器用さの課題が，改善されるように指導・支援内容を考えているところです。なお下記の評価基準は三件法で，「○」が「できる」，「△」が「曖昧」，「×」が「できない」としました。

表6　A君の身体認識（中心部・脊柱・体幹）の評価シート

身体の中心部	特定する		触れて名前を言う	
身体の中心部の概念を理解	初回	半年後	初回	半年後
	×	○	×	○
丸くなる	初回		半年後	
	×		○	
抵抗に対して丸くなり続ける	×		○	
脊柱と体幹	初回		半年後	
脊柱と体幹の運動性（丸くなったり，前方回転するような）	×		○	

表7　A君の人間関係の評価シート

介助しあう人間関係	介助者と一緒に活動する		他の参加者と一緒に活動する	
	初回	半年後	初回	半年後
揺らされたり包み込まれたりしてリラックスする	×	○	×	○
他の人を包み込んだり，揺らしたりする	×	○	×	○
パートナーの感情や必要性に繊細さを示す	×	○	×	○
分担する人間関係	介助者と一緒に活動する		他の参加者と一緒に活動する	
	初回	半年後	初回	半年後
バランスを取るという概念を理解する	×	○	×	○
交替するという概念を理解する	×	○	×	○
パートナーのニーズや必要性に対して，繊細さを示す	×	△	×	△
対抗する人間関係	介助者と一緒に活動する		他の参加者と一緒に活動する	
	初回	半年後	初回	半年後
引き伸ばされないように抵抗する	×	○	×	○
滑らされている間，丸まったままでいる	×	○	×	○
持ちあげられている間，丸まったままでいる	×	○	×	○
押される，引かれることに対して，強さを維持するという概念の理解	×	○	×	○
他の人を押す，引くなどの概念を理解	×	○	×	○
攻撃しない強さの概念を理解	×	○	×	○
いつ譲るかについての相互の合意の概念を理解	×	○	×	○
パートナーのニーズと感情に対して繊細を示せる	×	△	×	△

▶ 事例2（児童）

当事業所の登録時，B君（男子）は6歳8か月で，小学校1年生で通常の学級に在籍していました。「ASD（自閉スペクトラム症）」の診断がありました。じゃんけんでの順位決めや，さまざまな場面で列に並んで待つことができないなど，順番へのこだわりが課題の1つでした。また，スキップができないなどの粗大運動のぎこちなさや絵が苦手などの手の巧緻性の未成熟も時折確認されました。学校での適応はよく，在籍校から適切な支援を受けながら，学校生活を過ごしていました。

入所当時のSDM活動の評価では，表8の「脊柱と体幹」の活動が，できたりできなかったりと安定しませんでした。表9の「人間関係の活動」のうち，「介助しあう人間関係」と「分担する人間関係」の活動でできないことが多かったです。しかし，半年後の評価では，パートナーとの活動で不安定さがみられるだけになりました。

SDMの活動で，B君が最も変化したことは，グラグラした安定のない場で上手に立位姿勢を維持できたり，さまざまな姿勢による移動を止めたり進めたりなどの体幹制御ができるようになったことでした。筆者の発達障がい児等の運動支援における経験則ではありますが，子どもたちのバランス感覚が向上したり，体幹の動きが改善され適切な動作を表出できるようになったりすると，スキップなどの四肢の動作にもよい影響がもたらされます。このことは，半年過ぎたあたりから，B君にもみられるようになり，苦手だったスキップが上手にできるようになりました。

なお下記の評価基準は三件法で，「○」が「できる」，「△」が「曖昧」，「×」が「できない」としました。

表8　B君の身体認識（中心部・脊柱・体幹）の評価シート

身体の中心部	特定する		触れて名前を言う	
身体の中心部の概念を理解	初回	半年後	初回	半年後
	○	○	○	○
丸くなる	初回		半年後	
	○		○	
抵抗に対して丸くなり続ける	○		○	
脊柱と体幹	初回		半年後	
脊柱と体幹の運動性（丸くなったり，前方回転するような）	△		○	

表9　B君の人間関係の評価シート

介助しあう人間関係	介助者と一緒に活動する		他の参加者と一緒に活動する	
	初回	半年後	初回	半年後
揺らされたり包み込まれたりしてリラックスする	×	○	×	○
他の人を包み込んだり，揺らしたりする	×	○	×	○
パートナーの感情や必要性に繊細さを示す	×	△	×	△
分担する人間関係	介助者と一緒に活動する		他の参加者と一緒に活動する	
	初回	半年後	初回	半年後
バランスを取るという概念を理解する	×	○	×	○
交替するという概念を理解する	○	○	○	○
パートナーのニーズや必要性に対して，繊細さを示す	×	△	×	△
対抗する人間関係	介助者と一緒に活動する		他の参加者と一緒に活動する	
	初回	半年後	初回	半年後
引き伸ばされないように抵抗する	○	○	○	○
滑らされている間，丸まったままでいる	○	○	○	○
持ちあげられている間，丸まったままでいる	○	○	○	○
押される，引かれることに対して，強さを維持するという概念の理解	○	○	○	○
他の人を押す，引くなどの概念を理解	○	○	○	○
攻撃しない強さの概念を理解	○	○	○	○
いつ譲るかについての相互の合意の概念を理解	○	○	○	○
パートナーのニーズと感情に対して繊細を示せる	×	△	×	△

▶ 事例3（児童）

当事業所の登録時，C君（男子）は7歳5か月，小学校2年生で通常の学級に在籍していました。「ASD（自閉スペクトラム症）の疑い」ということで，明確な診断名はありませんでした。学校での適応は，良好でした。日常生活では不安感が強く，新しいことや場面に出会うと，固まっていました。また，自分の気持ち，特にネガティブな感情を言葉にだして表出することが弱く，周りの子どもたちから誤解されてしまうことも多かったです。好きな活動には前向きに取り組む姿がみられ，チャンバラ遊びなどのような激しい遊びは，嬉々としていました。

入所当時のSDM活動の評価では，表10の「身体の中心部」と「脊柱と体幹」の活動では課題はなく，表11の「人間関係の活動」のうち，「介助しあう人間関係」全般とパートナーとの活動で不安定さがみられました。SDMの活動で，C君が最も変化したことは，入所してからしばらく，一つひとつの活動に対して，できないことを明確な意思表示で表せませんでしたが，半年もたつと活動に慣れたようで，それができるようになりました。見通しのもてない新しいことに対して不安になってしまうC君の特性が反映されていました。筆者の発達障がい児等の運動支援における経験則では，不安傾向の強い子どもたちは，SDMの実践を積み重ねることで，学校の体育の授業などで，積極的に取り組めるようになれます。子どもたちの身体活動で楽しみながらできない活動ができるようになるだけでなく，自信の向上に向けて指導・支援するような配慮が，この背景にはあります。

なお下記の評価基準は3件法で，「○」が「できる」，「△」が「曖昧」，「×」が「できない」としました。

表10　C君の身体認識（中心部・脊柱・体幹）の評価シート

身体の中心部	特定する		触れて名前を言う	
身体の中心部の概念を理解	初回	半年後	初回	半年後
	○	○	○	○
丸くなる	初回		半年後	
	○		○	
抵抗に対して丸くなり続ける	○		○	
脊柱と体幹	初回		半年後	
脊柱と体幹の運動性（丸くなったり，前方回転するような）	○		○	

表11　C君の人間関係の評価シート

介助しあう人間関係	介助者と一緒に活動する		他の参加者と一緒に活動する	
	初回	半年後	初回	半年後
揺らされたり包み込まれたりしてリラックスする	×	○	×	○
他の人を包み込んだり，揺らしたりする	×	○	×	○
パートナーの感情や必要性に繊細さを示す	×	○	×	○
分担する人間関係	介助者と一緒に活動する		他の参加者と一緒に活動する	
	初回	半年後	初回	半年後
バランスを取るという概念を理解する	○	○	○	○
交替するという概念を理解する	○	○	○	○
パートナーのニーズや必要性に対して，繊細さを示す	×	○	×	○
対抗する人間関係	介助者と一緒に活動する		他の参加者と一緒に活動する	
	初回	半年後	初回	半年後
引き伸ばされないように抵抗する	○	○	○	○
滑らされている間，丸まったままでいる	○	○	○	○
持ちあげられている間，丸まったままでいる	○	○	○	○
押される，引かれることに対して，強さを維持するという概念の理解	○	○	○	○
他の人を押す，引くなどの概念を理解	○	○	○	○
攻撃しない強さの概念を理解	○	○	○	○
いつ譲るかについての相互の合意の概念を理解	○	○	○	○
パートナーのニーズと感情に対して繊細を示せる	×	○	×	○

4 まとめ

以上３つの事例を紹介しましたが，A君，B君，C君の各評価シートを整理してみると共通の課題があったことに気づきます。それは，「介助しあう人間関係」の「リラックス」ができず，パートナーとのやりとりが一方的で力まかせに自分本位で相手を動かそうとしていたことです。

ところが，毎回相手にとっても自分にとっても気持ちよく楽しく活動できるようにするにはどうしたらよいかなどの問いかけをして，いわば考えさせながらムーブメントの活動を積み重ねていくと，３名の個人差はありましたが，身体がリラックスできるようになり，パートナーとの活動も相手を気遣うようなやりとりが見られるようになっていきました。

当事業所に入所した時に比べて，これらの課題が解消されつつあります。

5 おわりに

我が国におけるSDMの実践は，日本シェルボーン・ムーブメント協会の事務局がある神戸市を中心とした関西圏での学校や福祉施設などで取り入れられ，他には名古屋市，九州の一部，そして筆者のいる札幌市などで行われています。

SDMについて関心をおもちになった読者の方がいらしたら，まずは日本シェルボーン・ムーブメント協会のホームページにアクセスしてみてください。研修会の情報なども入手できます。URLは，http://j-sherborne.org/です。筆者は，当協会の役員であり，「国際シェルボーン協会」認定インストラクターです。研修会講師も担当しています。

最後になりますが，筆者の事業所は，「児童発達支援・放課後等ディサービス札幌運動支援友愛Ｉ」です。関心のある方は，札幌運動支援友愛Ｉのホームページをご覧ください。当事業所のURLは下記です。

https://sapporoyuai.jimdofree.com

【文献】

1）日本シェルボーン・ムーブメント協会（2013）HP http://j-sherborne.org（参照2020-9-20）
2）ベロニカ・シェルボーン（2010）「シェルボーンのムーブメント入門―発達のための新しい療育指導法」訳：関口美佐子，平井真由美，衣本真理子，三輪書店
3）瀧澤聡，小野寺基史，田中謙，阿部達彦（2016）「シェルボーン・ムーブメントを機軸にした特別支援教育における教育課程の構想：小学校にある発達障がい通級指導教室における実践経験をふまえて」北翔大学生涯スポーツ学部研究紀要第7号 pp.143-156
4）シンディ・ヒル（2009）「コミュニケーションのためのムーブメント―シェルボーンの発達のためのムーブメントの展開」訳：関口美佐子，平井真由美，衣本真理子，瀧澤聡，三輪書店
5）Elizabeth Marsden & Jo Egerton（2007）「Moving with Research」Sunfield Publications

【編著者紹介】

小野寺　基史（おのでら　もとふみ）

1956年　北海道生まれ。北海道教育大学札幌校養護学校教員養成課程卒業

札幌市の小学校教諭，札幌市教育委員会指導主事，札幌市の小中学校教頭，札幌市教育センター教育相談担当課長を経て，現在，北海道教育大学大学院教育学研究科教職大学院教授。学校心理士，S.E.N.S-SV（特別支援教育士スーパーバイザー）

著書：『長所活用型指導で子どもが変わる，同 Part 2』（分担執筆，図書文化），『発達障害児へのピンポイント指導』（編著，明治図書），『デキる「特別支援教育コーディネーター」になるための30レッスン＆ワークショップ事例集』（編著，明治図書），『いじめと発達障害』（分担執筆，NSK 出版）

【分担執筆者紹介】

杉浦　正員（北海道札幌市立新琴似緑小学校）第3章1
　　　　　　＊2021年4月から北海道札幌市立西野小学校
山下　公司（北海道札幌市立南月寒小学校）第3章2
瀧澤　聡（北翔大学教授）第3章3

〔イラスト〕菅原　清貴

デキる「指導者・支援者」になるための
極める！アセスメント講座

2021年5月初版第1刷刊　Ⓒ編著者　小野寺　　基史
　　　　　　　　発行者　藤　原　光　政
　　　　　　　　発行所　明治図書出版株式会社
　　　　　　　　　http://www.meijitosho.co.jp
　　　　　　　（企画）佐藤智恵（校正）芦川日和
　　　　　　　〒114-0023　東京都北区滝野川7-46-1
　　　　　　　振替00160-5-151318　電話03(5907)6703
　　　　　　　　　　　ご注文窓口　電話03(5907)6668
＊検印省略　　　　　　組版所　広研印刷株式会社
本書の無断コピーは，著作権・出版権にふれます。ご注意ください。

Printed in Japan　　　　　　ISBN978-4-18-385915-0
もれなくクーポンがもらえる！読者アンケートはこちらから　→